I0147612

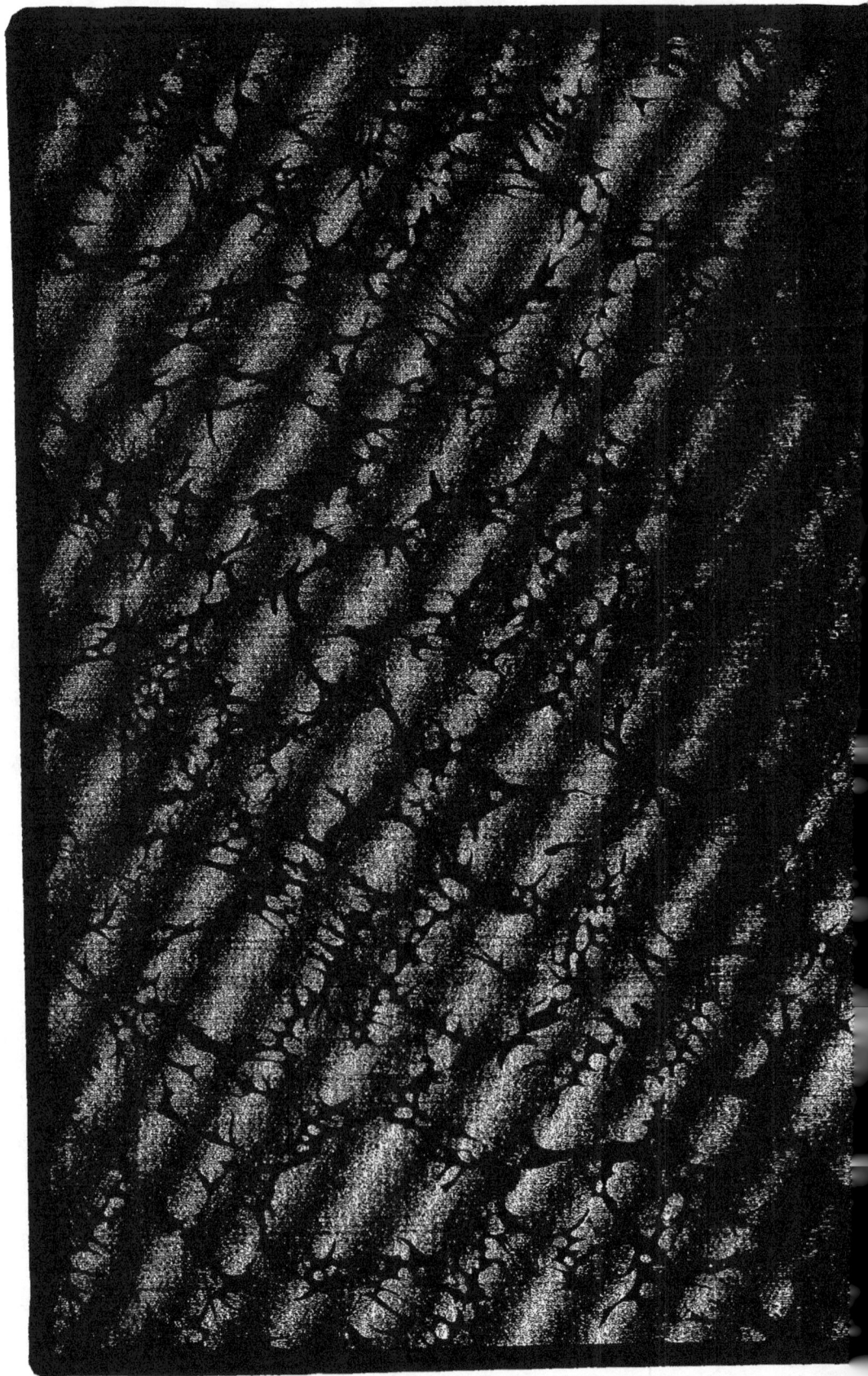

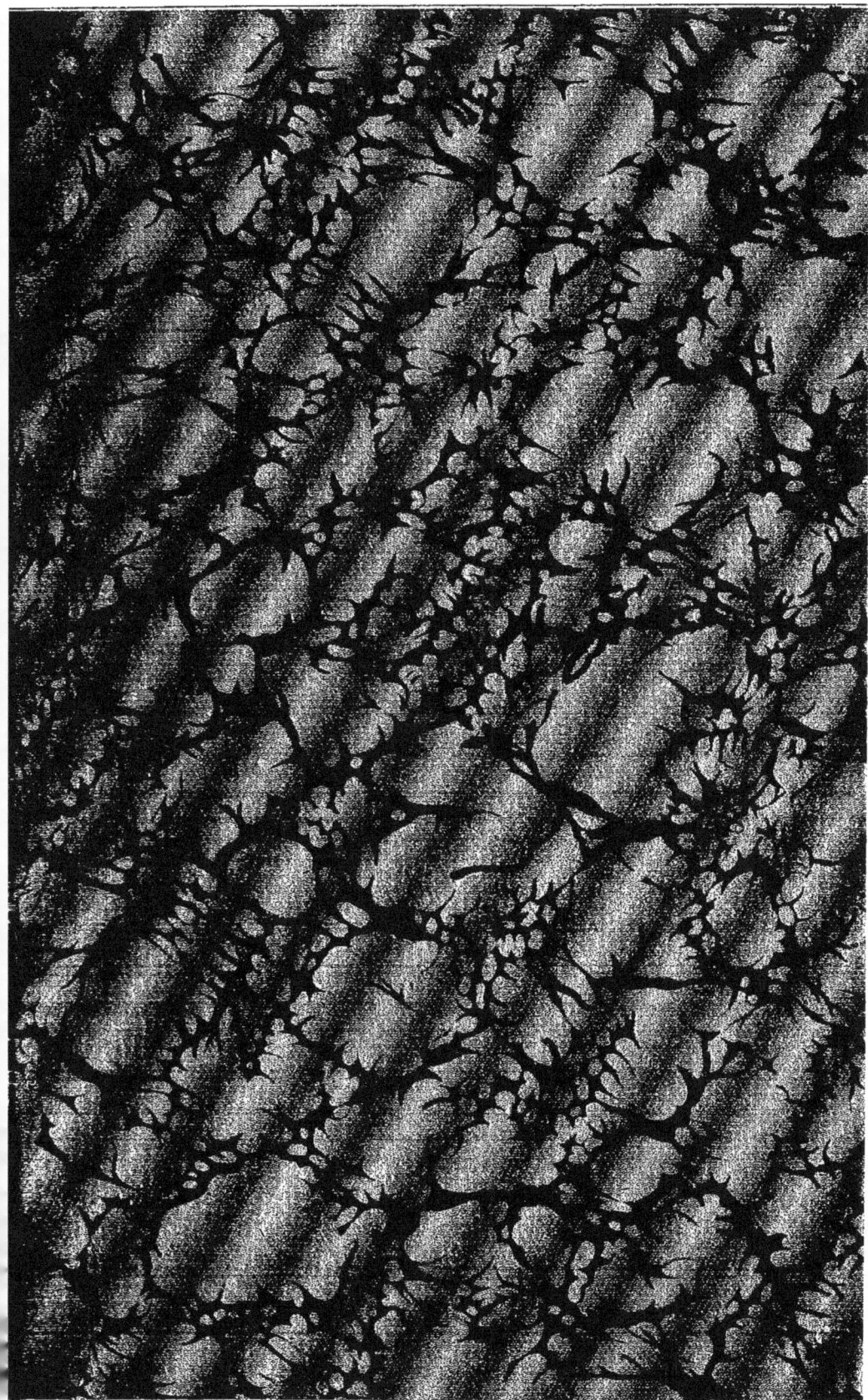

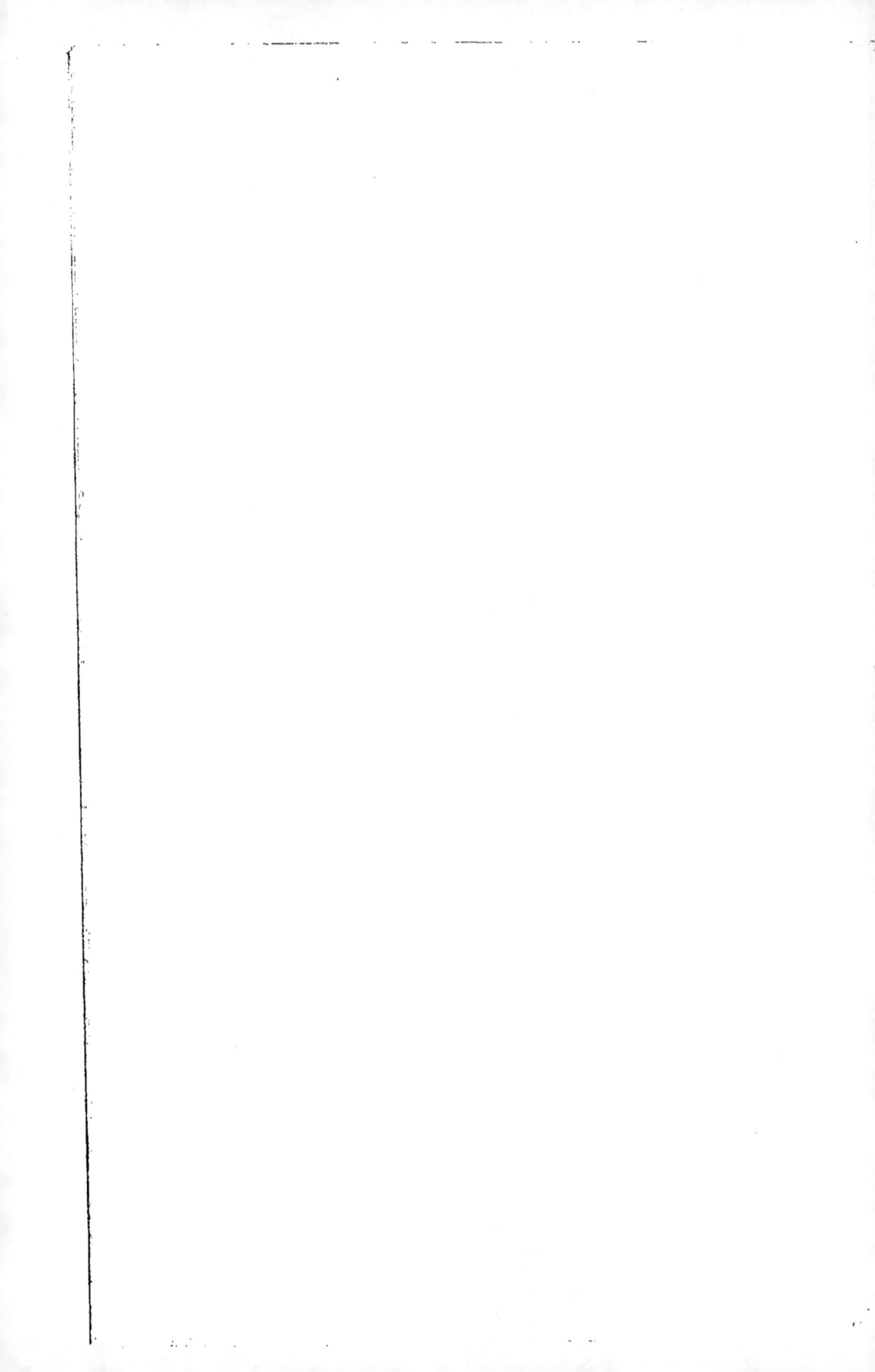

QUATRE ANS

DANS

LES GLACES

—

2ᵉ SÉRIE GRAND IN-8°.

QUATRE ANS

DANS

LES GLACES

———

DEUXIÈME EXPÉDITION

DU CAPITAINE ROSS

DANS LES MERS ARCTIQUES

1829—1833.

LIMOGES

EUGÈNE ARDANT ET Cie, ÉDITEURS.

—

SECONDE EXPÉDITION

DU CAPITAINE ROSS

DANS LES RÉGIONS ARCTIQUES

DE 1829 A 1833.

Entre les questions géographiques qui ont fait naître le plus grand nombre de lointaines entreprises, la question d'un passage maritime au nord de l'Amérique, est au premier rang. Dès le lendemain de la découverte du continent américain, s'est fait sentir le besoin d'arriver, par mer, à son rivage occidental. Avant même que Magellan eût trouvé un passage au sud, ce passage avait été cherché au nord. Le détroit de Magellan trouvé, le besoin d'un passage au nord n'était guère moindre. Aussi la liste serait-elle longue des tentatives qui se sont succédées de ce côté. C'est à ces tentatives que l'on doit tout ce que les trois cents dernières années ont appris sur le compte des régions septentrionales. — Depuis 1817, année dans laquelle cette question, quelque temps assoupie, a été réveillée par M. *Scoresby*, les régions arctiques ont été de nouveau, de la part des Anglais surtout, le théâtre d'incroyables efforts :

des contrées ignorées jusque-là, des peuples inconnus ont été révélés à l'Europe ; des observations précieuses ont été recueillies. On a enfin acquis la certitude qu'il existait un passage maritime entre le Pôle-Nord et l'Amérique. Mais le but pratique qu'on se proposait n'a pas été atteint : il est démontré d'une façon surabondante que, si ce passage existe, il est par suite des glaces ou infranchissable, ou d'une navigation tellement périlleuse qu'elle équivaut à une impossibilité.

De 1817 à 1833, *Franklin Richardson* et *Buck*, en explorant les régions septentrionales et glacées du continent américain, les capitaines *John Ross* et *Edward Parry*, par leurs expéditions maritimes dans les mers Arctiques, firent faire un grand pas à la solution du problème. Leurs tentatives, liées entre elles et se servant mutuellement de commentaire, ne peuvent guère être séparées. Nous ne nous proposons pas d'en faire l'exposé complet, nous nous bornerons à accompagner le capitaine *Ross* dans sa seconde expédition, qui faillit avoir un dénoûment aussi lamentable que celle entreprise en 1845 par le capitaine *Franklin* avec les navires l'*Erébus* et *Terror*.

Le champ d'exploration, où vont nous promener nos guides, est bien étroit, bien uniforme. Il n'en est que plus caractéristique. Rien, en effet, ne peint mieux les régions polaires que cette impuissance absolue des voyageurs à élargir la scène, à diversifier le spectacle. De plus l'infatigable persévérance de leurs travaux et l'intérêt croissant de leurs périls, suppléent ici à l'éclat des descriptions. L'histoire des voyageurs, l'histoire de leurs émotions et de leurs efforts, est encore sous une forme indirecte, l'histoire des contrées auxquelles ils ont affaire.

Les dernières lettres du capitaine *Ross*, datées de la côte

occidentale du Groënland, étaient de juillet 1829 et, à la fin
de 1832, aucun baleinier n'avait encore entendu parler de
lui ni découvert ses traces ; vainement ses amis avaient
compté, un à un, les jours du troisième automne ; le troisième automne avait passé, comme les deux autres, sans
apporter de nouvelles ; l'hiver ajournait encore une fois les
espérances, ou plutôt toute espérance de revoir jamais le
Capitaine ou l'équipage, paraissait éteinte.

C'est alors qu'un Anglais, compagnon intrépide de Franklin et de Richardson, un Anglais dès longtemps familier
avec les scènes du Pôle, BACK, entrevit d'une ville d'Italie,
Ross et les siens, emprisonnés au milieu des glaces, leurs
bâtiments perdus, sans vivres ou sans vêtements, — tendre
la main à leurs compatriotes : l'œil sur cette terrible image,
il accourut à Londres et s'empressa d'offrir ses services pour
leur délivrance.

La même pensée avait fait ouvrir en Angleterre une
souscription à laquelle le Gouvernement anglais contribua
pour une somme de quarante-huit mille francs. — Le
17 février 1833, près de quatre ans après le départ du capitaine Ross, Back partit pour le Canada, comptant rejoindre
par terre, soit sur la côte nord du continent américain, soit
sur les glaces des mers boréales, les voyageurs en détresse.

Hâtons-nous d'ajouter que le 25 avril 1834, sur les bords
du grand lac de l'Esclave, Back eut la joie d'apprendre que
ses retards involontaires n'avaient point porté préjudice à
ceux qu'il allait secourir : que Ross et son équipage étaient
sauvés.

—Comment l'avaient-ils été ? et d'abord comment avaient-
ils été, pendant quatre grandes années, séquestrés de toute
communication avec le monde civilisé ? comment s'était
élevée, comment s'était abaissée la barrière qui leur fermait
la route ? à quel point étaient-ils parvenus ?

La réponse à ces questions, tout en ayant l'air de ne se rapporter qu'à l'expédition du capitaine Ross, ne peut manquer de nous initier aux particularités qui distinguent ces régions, et en font pour ainsi dire un autre monde, une autre terre.

———

La pensée qui devait distinguer la dernière expédition du capitaine Ross, c'était l'emploi d'un bâtiment à vapeur, au milieu des glaces. — Lorsqu'elles sont ouvertes, observe-t-il, et que la mer est navigable, le vent fait défaut ou bien est contraire, et le vaisseau voilier se trouve arrêté précisément au moment où tout le reste le favorise ; le bâtiment à vapeur peut encore, en ces circonstances, faire de précieux progrès. Un autre avantage des bâtiments à vapeur, c'est de tirer beaucoup moins d'eau, et de pouvoir ainsi passer à l'endroit où d'autres navires échoueraient ; une expérience chèrement achetée dans les précédentes expéditions, notamment par la perte du *Fury* (1), ramenait, sous ce rapport, les voyages de découverte aux errements de *Davis* et de *Baffin*. « La force qui meut le bâtiment à vapeur, ajoute le Capitaine, peut aussi le pousser à travers les glaces nouvellement formées, au milieu desquelles le meilleur voilier serait arrêté le plus souvent ; enfin la facilité avec laquelle on peut manœuvrer les bâtiments à vapeur sans vent ou même en dépit du vent, doit leur permettre d'éviter les montagnes de glace et d'arriver à des lieux de sûreté que d'autres navires ne pourraient atteindre. »

Quant au point vers lequel devait se diriger l'attention, ce ne pouvait guère être que le *Détroit du Prince-Régent ;* toutes les probabilités semblaient s'accumuler de ce côté et le

(1) L'un des deux navires de Parry dans sa troisième expédition. Il avait dû l'abandonner sur la côte du North-Somerset.

passage du nord-ouest semblait devoir être cherché entre le cap *Garry*, dernier cap occidental du détroit du Prince-Régent, touché dans l'avant dernier voyage de Parry, — et le cap *Turnagain*, dernier cap de la côte septentrionale du continent américain touché dans le premier voyage de terre de Franklin. Y avait-il un détroit entre ces deux caps? c'était la première question à résoudre, la seconde était de chercher ce détroit au nord, par le détroit de Lancastre, vers les îles Melville.

1ᵉ *Question :* essayer de continuer le troisième voyage de Parry. — 2° *Question :* essayer de continuer son premier voyage, lequel avait continué le premier voyage de Ross.

Ce projet soumis aux Lords commissaires de l'Amirauté, après le retour de l'expédition qui avait essayé en 1827, sous la conduite de Parry, d'atteindre le pôle arctique, ne fut pas accepté ; en 1828, sur une seconde proposition, le capitaine Ross reçut pour réponse que le gouvernement ne voulait plus envoyer d'expédition à la recherche du passage; autre refus de la part d'un négociant de Londres, que les *vingt mille livres* sterling promises par le Parlement à celui qui découvrirait le passage, auraient pu tenter.

Cette promesse était le seul obstacle qu'un autre négociant, M. *Booth*, ancien et intime ami du Capitaine, vît, personnellement, à l'acceptation de son projet ; cette promesse fut justement supprimée ; et le capitaine Ross reçut aussitôt de son riche ami, pleins pouvoirs de se procurer tout ce qui lui paraîtrait nécessaire ; un bâtiment à vapeur fut acheté : *le Victory*, qui avait servi de paquebot entre Liverpool e. l'île de Man ; élevé de cinq pieds et demi, il fut en état de porter cent cinquante tonneaux, en y comprenant la machine et les approvisionnements nécessaires. « La machine, dit le Capitaine, fut faite par Braithwaite et Erickson qui avaient pris un brevet ; les roues à palettes étaient cons-

truites de manière à pouvoir être élevées hors de l'eau en
une minute ; il n'y avait pas de cheminée ; au lieu de cela,
le feu était maintenu et activé par des soufflets ; c'était
nécessairement une machine à haute pression ; les chaudières étaient échauffées par les tuyaux qui les traversaient.

« Nous prîmes des provisions et du charbon pour mille
jours ; les vivres étaient de la meilleure qualité et il s'y
trouvait une proportion convenable de viandes conservées.
Toutes les choses dont l'expérience nous avait appris à nous
pourvoir pour un pareil voyage, nous furent fournies avec
la même libéralité.

» Nous étions munis de tous les instruments dont nous
pouvions réellement avoir besoin ; indépendamment de
deux *chronomètres* qui m'appartenaient, MM. Parkinson et
Frodsham nous en prêtèrent un et M. Murray nous en confia
trois autres ; j'avais un instrument de trois pieds de rayon,
pour observer les passages ; un *théodolite* de neuf pouces et
un puissant *télescope* de Tulley ; plus, cinq *sextants*, deux
altimètres, quatre *baromètres*, douze *thermomètres*, deux
aiguilles d'inclinaison et plusieurs boussoles ; en outre le
gouvernement avait mis à ma disposition des instruments
précieux et les livres dont on s'était servi dans les expéditions précédentes. »

Le capitaine Ross choisit pour commandant en second son
neveu *James Clark Ross* qui l'avait accompagné dans son
premier voyage en 1818 et avait accompagné de même
Parry dans ses expéditions subséquentes. Plusieurs officiers
de la marine anglaise avaient offert leurs services gratuits,
entre autres ce même *Back* qui devait plus tard partir à la
recherche du *Victory ;* le capitaine, le commandant et le
munitionnaire ne devaient recevoir aucune paie ; le reste
de l'équipage se composait du chirurgien, de trois enseignes,
de deux charpentiers, de deux ingénieurs, de trois ouvriers

pour le service de la machine, d'un intendant, d'un cuisinier et de neuf matelots; total, vingt-cinq hommes, y compris les officiers.

Un bâtiment baleinier, le *John*, monté par cinquante-deux hommes, fut en outre destiné à transporter le charbon; puis, sans négliger la pêche, à rapporter partie des approvisionnements du *Fury*, laissés, en 1823, par Parry, sur la côte nord-ouest du détroit du Prince-Régent. L'amirauté accorda un bâtiment ponté du port de seize tonneaux, *le Krusenstern*, et deux barques qui avaient précédemment servi au capitaine John Franklin.

Le 23 mai 1829, *le Victory*, entre autres visites et félicitations du départ, eut celle de ce célèbre voyageur.

« A trois heures, ajoute le Capitaine, mon respectable ami M. *Booth* vint à bord avec son neveu et deux de ses amis... Nous partîmes à six heures, conduisant le *Krusenstern* à la remorque après avoir pris notre provision de poudre à la dernière bouée. Le capitaine Beaufort, hydrographe de l'amirauté et M. Fearneall (qui avaient admirablement fortifié le navire) furent les derniers à nous quitter; nous arrivâmes à *Gravesand*, à l'aide de la vapeur à onze heures et y attendîmes la marée et un pilote. Nous levâmes l'ancre à six heures du matin par une légère brise de l'ouest; et, bien qu'aidés par la vapeur, nous n'arrivâmes à *Margate* qu'en douze heures, notre marche variant de trois milles et demi à quatre milles et demi par heure; à sept heures, notre excellent ami ayant hélé un bateau pêcheur, prit congé de nous avec ses compagnons: ne prévoyant guère alors la longueur de notre séparation et les doutes qui allaient s'élever si nous nous reverrions jamais en ce monde. »

Les voilà partis : ils suivent la Manche, tournent l'île de Wight, remontent entre l'Irlande et l'Angleterre, vers l'Écosse; ici commence une longue série d'imprécations

contre la machine sur laquelle reposent toutes les espérances du voyage et qui menace de manquer de parole.

« Les doutes et les craintes que m'inspiraient les défauts
de notre machine, commencèrent, dit le Capitaine, à m'agiter
sérieusement; car j'y découvris plus d'imperfections que les
premières occasions n'avaient pu me donner le moyen d'en
conjecturer. Les chaudières fuyaient tellement que la pompe
mise auprès de la chambre pour être manœuvrée à la main,
était continuellement à l'œuvre; nous n'avions pas assez
d'eau pour réparer cette perte, même jusqu'à notre arrivée
en Ecosse. Il était en outre impossible à nos hommes de
rester longtemps à ce travail, dans une place où la température était au-dessus de trente-cinq degrés centigrades; ils
y travaillaient sans murmurer mais étaient bientôt épuisés;
l'un d'eux y perdit même connaissance.

» Quelques jours d'examen convainquirent l'ingénieur
qu'une des roues de droite, était tellement usée qu'il fallait
y souder une pièce pour lui rendre sa première épaisseur,
tandis que les clefs du principal tuyau ne tenaient plus; —
il est évident, ajoute le capitaine, que le fabricant avait eu
ou devait avoir eu connaissance de ces défauts, cependant
il ne nous en avait pas informés; ne nous avoir pas même
fourni de clefs de rechange, était, de sa part, un tort que
rien ne pouvait justifier. »

La machine fut de nouveau remise en mouvement le
29 mai; elle s'arrêta plusieurs fois pendant la nuit; les clefs
du principal tuyau se relâchèrent; le 30, la principale clef
de droite se cassa et cet accident mit la machine hors de
service; l'on reconnut que cette clef avait été faite avec du
mauvais acier; « faute d'acier, dit le Capitaine, nous en
fabricâmes une autre avec du fer, mais, comme on pense
bien, elle ne tarda pas à se rompre. » — La machine ne fut
en état qu'au bout de deux jours, avec trois clefs nouvelles;

mais, après une heure d'épreuve, elles se brisèrent toutes et les voyageurs furent obligés de renoncer à tout espoir fondé sur de tels expédients.

La construction de cette machine n'avait du reste, au dire du Capitaine, rien de satisfaisant; même sous une pression de quarante-cinq livres par pouce, l'on ne put en obtenir plus de quinze coups de piston par minute ; le côté externe des palettes ne faisant dès-lors pas plus de cinq milles à l'heure, le bâtiment n'en pouvait faire plus de trois. Les chaudières continuaient en outre à fuir. Vainement la pompe avait été modifiée de manière à ce que les hommes pussent la mettre en mouvement de dessus le premier pont; le travail, avec ce changement même, était trop pénible pour être enduré.

Tout l'appareil du condensateur et de la pompe fut ensuite détaché, à l'exception des chaudières qui furent alimentées au moyen d'un robinet. L'on obtint ainsi une pression de quarante-sept livres par pouce et une vitesse de seize coups de piston par minute. Les soufflets menaçaient d'être en peu de temps hors de service.

Il faut reconnaître pourtant que cette machine se recommandait sous d'autres rapports : la suppression de la cheminée et la diminution de poids qui en résultait, était un grand avantage; l'économie de charbon était très-notable. L'idée de lever les roues hors de l'eau et de les mettre en un instant hors de la portée des glaces, était excellente; l'exécution de cette partie du mécanisme était parfaite. Les pièces de bois placées pour empêcher l'eau d'entrer par-dessus et par-dessous le tuyau, réussirent à merveille.

Avec tout cela, dès le 2 juin, de l'aveu du Capitaine, cette machine était complètement inutile; il n'avait d'autres ressources que les voiles, inférieur par ce côté à tous les navires qu'il rencontrait; le 3, il était à l'île de Man, où il se procura de l'acier, et fit provision d'eau, de bœuf et de bois. — Le 8, après une autre tentative pour utiliser la machine, le principal ouvrier qu'elle employait eut le bras pris entre la roue et le corps de pompe. Le capitaine Ross fut obligé, par absence du chirurgien, de faire lui-même l'amputation. « Je n'ai pas besoin de dire, écrit-il, que j'aurais beaucoup mieux aimé couper une demi-douzaine de mâts dans une tempête que d'instrumenter ainsi sur un bras. Mais je ne pus voir sans satisfaction l'effet que cet incident, si pénible qu'il fût, produisit sur les hommes de mon équipage. »

Les torts de la machine ne devaient pas finir là. Les dents qui faisaient tourner la roue du soufflet, se brisèrent avec grand bruit et le mirent hors de service. Quelques moments après l'on apprit que les chaudières avaient crevé : quelques joints étaient en effet dessoudés et, en dix minutes, l'eau qui sortait éteignit le feu.

Le 9 juin, *le Victory* était au port *Logan*; le blessé put être porté dans la maison du Capitaine.

Autre malheur : le *John*, dont c'était ici le rendez-vous, refusait de se rendre à sa destination; l'équipage mutiné faisait de nouvelles conditions, exigeant la promesse de deux cents tonneaux d'huile de baleine et l'assurance qu'il ne serait pas retenu à la suite de l'expédition, mais s'en reviendrait tout d'abord après avoir déchargé le charbon qu'il portait. — Le 13 juin, à six heures du soir, après avoir transporté à bord du *Victory* le charbon et les provisions du *John*, le capitaine Ross dit adieu aux côtes de l'Écosse. Une brise fraîche venant du sud-ouest et une marée favorable lui fit, le lendemain, traverser rapidement le canal du Nord.

L'appareil pour casser la glace, appareil que la machine devait mettre en mouvement et que la faiblesse de cette machine rendait superflu, avait été mis à terre et remplacé

par trois tonneaux d'eau. Un des amis du Capitaine lui avait
fait présent pour le dîner de Noël d'un des plus beaux
bœufs de Galloway, engraissé sur ses domaines.

Le 14, ils avaient passé l'île de *Rachlin,* quand un ouragan
abattit la tête de leur mât de misaine avec un craquement
terrible ; à minuit, le phare d'*Insterhull* leur restait à l'ouest
et celui de *Rinns* à l'est : suivent deux jours de tempêtes
presque continuelles.

Le 20, ils passent devant *Loch-Swilly* sans relâcher, pour
profiter du vent. Leurs seules rencontres sont un bâtiment
pêcheur de Dublin et une voile danoise. Réparation des
mâts ; réparation de la machine ; invention d'un appareil qui
dispense les hommes de la manœuvre des soufflets ; chasse
aux pétrels « très-mangeables en dépit de leur mauvaise
réputation » : avec le soin toutefois d'en séparer la graisse,
qui, comme celle de la plupart des oiseaux de mer, a un
fort goût de rance ou une odeur de poisson.

Le 28 juin, *le Victory* était à 57° 7¹ (nord) de l'équateur ou
plus simplement à 57 degrés 7 minutes de latitude nord ; et
à 35 degrés du méridien de Greenwich ou plus simplement
à 35 degrés de longitude ouest.

« Le 29 juin, dit le Capitaine, à trois heures du matin, au
point du jour, un léger souffle vint de l'est et nous déployâmes
toutes nos voiles. Nous avions vu un faucon d'Islande le soir
précédent et nous observâmes deux cachalots courant au
nord-est... au coucher du soleil, il tomba une averse. Après
quoi nous vîmes un *effet de glace* (ice blink), au nord-nord-
ouest ; la côte du Groenland devant être à deux cent vingt
milles environ dans ce sens. Nous vîmes aussi beaucoup de
contre-maîtres, outre nos premiers compagnons de route, les
pétrels et les puffins. »

Le 1ᵉʳ juillet l'*effet de la terre* (land blink) était très-sen-
sible et, le soir, la terre elle-même fut aperçue à trente et

une lieues de distance. Quinze jours de temps favorable
avaient fait faire treize mille milles de Loch-Swilly au
cap *Farewell*.

Le thermomètre tombant avertit ici de prendre les vêtements d'hiver; distribution à chaque homme d'une jaquette
bleue, d'un pantalon de drap bleu, d'une chemise de flanelle,
d'une cravate de laine tricotée, d'une paire de bas de laine
drapée, d'un caleçon de flanelle, d'un bonnet de laine,
d'une paire de bottes de mer, d'une paire de chaussons : tous
objets donnés en présent et par double assortiment, à l'équipage.

Le 5 juillet, à la hauteur du cap Farewell, nous entrons
dans le *Détroit de Davis*. Le temps est froid, les vêtements
d'hiver viennent fort à propos. A huit heures du soir, les
voyageurs ne faisaient pas moins de six milles (deux lieues)
par heure, obligés de diminuer de voiles. La terre était
aperçue très-distinctement à trente lieues, ainsi que plusieurs montagnes de glace au nord-est.

Le 6, la température de l'eau était de six degrés centigrades au-dessus de zéro; celle de l'air de huit. La terre
était hors de la vue; les seules distractions du voyage étaient
les pétrels, les puffins et les bois flottants : un mélèze parfaitement sain de vingt-et-un pieds de long sur trois de cir-
conférence près la racine, avec sa courbure, offre aux
marins, un davier tout préparé pour leur barque. Un autre
jour un superbe cèdre d'Amérique, leur rend un service à
peu près pareil.

Le 10, calme; vains regrets sur l'impuissance de la machine à vapeur. — Le 13, autre calme, à quinze lieues de
la terre, selon le calcul, près de l'embouchure de la *rivière
de Baal;* première montagne de glace. Une barque envoyée
pour chercher de la glace, rapporte avoir vu plusieurs
baleines et un grand nombre de veaux marins près de la

montagne de glace, couverte elle-même d'oiseaux. Un brick
danois est aperçu à trois lieues, au nord.

Le 14, vue, à douze lieues de distance, de la haute montagne qui s'élève en forme de *pain de sucre* au-dessus des
montagnes environnantes et en garde le nom. — Le 15, vent
contraire, mer houleuse.

Le 16, par 65° 34' de latitude, la température de l'air et
de l'eau à dix heures, était de 4 degrés centigrades au-
dessus de zéro ; les voyageurs croient voir les pétrels pour
la dernière fois.

Le 17, la machine rétablie à force de travail et donnant
dix-sept révolutions par minute, était d'un grand secours
contre le vent, faisant faire par heure un mille de plus au
bâtiment que les voiles seules, *trois milles et demi* au lieu de
deux et demi. Le matin, le bâtiment rencontre un grand
nombre de baleines et de veaux marins, et des troupes de
pétrels endormis sur la surface de la mer. La terre est
aperçue un instant à l'est, entre deux brouillards. A onze
heures du matin, après trois heures de travail, une des
chaudières se met à fuir ; l'autre reste impuissante. Le feu
s'éteint, le mouvement s'arrête ; deux tuyaux sont à refaire.

Le 18, à six heures de l'après-midi, après une heure de
feu, la principale clef du tuyau se casse : l'autre chaudière
commence à fuir.

Le 19, brouillard, le matin ; les navigateurs aperçoivent
le premier narval, plusieurs baleines et une foule d'oiseaux.
La température de l'air et de l'eau est, nuit et jour, de
5 degrés au-dessus de zéro. — Le 20, sur un banc de trente-
huit à cinquante brasses, pêche de quatre cent cinquante
livres de morue et de cabillaud, agréable supplément aux
uniformes rations du bord. — Le 21, voisinage d'une montagne de glace, la troisième depuis le cap Farewell. Nouveau recours à la vapeur ; elle donne à peine un mille par

heure. A quatre heures, nouvelle tentative; réparations
reprises. Réduit à ne plus compter que sur les voiles, le
Capitaine cherche un ancrage pour réparer ses mâts et amé-
liorer sa voilure. Une barque, envoyée derrière une île à
fanal, trouve un excellent havre. Trois chiens esquimaux,
sur l'île à fanal, annoncent un établissement.

« Étant monté jusqu'au fanal, dit le capitaine Ross, je vis
deux magnifiques bras de mer, entourés de montagnes d'un
caractère très-frappant; entièrement débarrassées de leur
neige, brisées en précipices, et dressant dans les airs leurs
pics rugueux et pointus, elles présentaient un tout autre
tableau que dans notre premier voyage où la saison était
cependant moins avancée; car alors la neige cachait entièrement leurs formes, et surtout, les amenant près de l'œil,
détruisait l'effet de la perspective.

» L'île même présentait un spectacle plus curieux que
notre première expérience ne pouvait nous en faire attendre
sur cette côte de glace, et nous rappela vivement les belles
terres que nous venions de quitter et l'été que nous croyions
avoir laissé derrière nous; tout ce qui n'était pas précipice
ou roches marines, était couvert de verdure. Une profusion
de plantes sauvages alors en pleine fleur, faisait un jardin
de l'endroit où nous ne pensions trouver, comme par le passé,
qu'un chaos de glaces rocheuses et de froide neige. Nous ne
nous étonnâmes plus que l'on eût donné le nom de *Groen-*
land à cette contrée, nom que l'on avait pris longtemps et
que nous avions pris nous-mêmes pour un terme de dérision :
c'était en vérité une *terre verte*, quant à la portion que nous
avions devant nous, — et d'un vert délicieux pour des gens
qui ne voyaient guère depuis quelque temps que le ciel et
la mer. Cette terre n'était même pas exempte de l'accompa-
gnement ordinaire des climats brûlants, du fléau spécial des
étés du nord, des mosquitos : leurs essaims tourbillonnants

nous poursuivaient avec plus d'acharnement que nous
n'en avions éprouvé dans les Indes occidentales. »

Nos voyageurs se trouvent bientôt abordés dans leur
retraite par une chaloupe danoise, escortée de canots ; deux
Européens, confondus par le costume avec la foule des
Esquimaux qui les entourent, l'un gouverneur, l'autre
pasteur du district de *Holsteinborg*, venaient leur offrir
leurs secours, ayant aperçu leurs mâts par-dessus les rochers
et les croyant en péril ; suit un agréable échange d'ouvertures mutuelles en danois et en anglais, sur le but de l'expédition anglaise, sur la nature de l'établissement danois ;
après quoi le *Victory* se rend avec ses guides bienveillants
dans le havre de Holsteinborg. Chemin faisant, le capitaine
Ross apprend qu'un baleinier de Londres, le *Rockwood*, a
été laissé récemment, comme naufragé dans ce havre :
l'idée lui vient, au lieu de perdre le temps à raccommoder
son mât de misaine déjà trop court, de le remplacer par le
mât d'artimon du *Rockwood* ; dépositaire des agrès et des
approvisionnements, le Gouverneur consent à en céder une
partie, ouvrant du reste libéralement à ses hôtes ses propres
magasins.

Quelques mots sur l'aimable réception qui attendait les
voyageurs à terre confirment l'observation banale, mais
consolante, qui fait du désert la véritable patrie de l'hospi-
talité ; je laisse parler le Capitaine.

« Nous fûmes reçus, dit-il, par madame Kiger (la femme
du Pasteur) qui nous attendait pour nous conduire dans son
hospitalière demeure ; on nous offrit ce que l'on pouvait
regarder, en cet endroit, comme un élégant repas de venai-
son et d'autres choses ; nous étions servis par des femmes
esquimaux, dans le costume de leur pays, mais bien
supérieur en propreté à celui que nous avions eu occasion
de voir ailleurs ; parées en outre d'une profusion de verro-

teries et les cheveux attachés avec un mouchoir rouge (1).

» Après le dîner nous visitâmes l'établissement composé de la maison du Gouverneur, de celle du Pasteur, d'une église, de deux grands magasins, d'une boulangerie et d'environ quarante tentes d'Esquimaux ; les deux maisons étaient bâties en bois : le rez-de-chaussée contenant une salle à manger commode, une bonne chambre à coucher, un petit salon et une cuisine ; à la maison du Gouverneur était jointe une grande chambre pour le logement de l'équipage de ses deux chaloupes de deux pilotes. Tous ces appartements étaient bas, et ressemblaient à la cabine d'un vaisseau de cinquante canons ; l'étage supérieur en mansarde contenait les chambres des domestiques. »

Le Pasteur, homme d'une trentaine d'années, était là depuis six ans avec sa femme et sa petite famille ; le Gouverneur, de même âge, était aussi là depuis six ans (2). Le Pasteur avait deux districts sous sa direction, celui d'Holstenborg et celui du *Pain de sucre*, qu'il visitait au printemps : baptisant les nouveau-nés et confirmant les adolescents. L'église de Holsteinborg, surmontée d'un petit clocher, simple et bien tenue, le buffet d'orgues à un bout et l'autel à l'autre, pouvait contenir deux cents personnes (l'orgue était alors en réparation... en Danemark) ; le prêche

---

1) Le capitaine écrit en parlant d'un dîner chez le Gouverneur : « Nous fûmes régalés de mets et de vins qui eussent fait honneur à tout autre pays que celui-ci, le plus ingrat pays de la terre. »

(2) A la latitude de 66° 58' selon la détermination du capitaine Ross. — « Personne, dit-il, ne s'attend à trouver des arbres dans le jardin du Gouverneur puisque les îles *Shetland* elles-mêmes passent pour n'en avoir qu'un seul ; mais nous y vîmes cultivés de la salade, des radis et des navets. » Ici comme en Laponie, l'angélique sauvage abonde, ainsi que l'oseille et le cochléaria si nécessaires à des gens qui consomment une aussi grande quantité de viande grossière. L'hiver est regardé comme la saison la plus salubre ; le médecin est à deux cents milles, à la rivière de Baal.

et la prière s'y faisaient en Esquimaux et en Danois, de deux dimanches l'un, alternativement. »

Le dimanche, à l'église, les chants remarquables des femmes, montrèrent aux Anglais que les missionnaires protestants danois n'avaient pas négligé d'appeler un innocent auxiliaire à l'aide de l'éducation européenne qu'ils infiltraient peu à peu parmi ces peuplades du Nord ; un plein succès avait couronné leurs patients et généreux efforts.

Les rapports des Anglais avec les Esquimaux, faisaient à la fois honneur à la douceur naturelle de ce peuple et à la droiture de ses instituteurs ; le meilleur ordre régnait parmi les Holsteinborgiens. Leur empressement à hâter les opérations de leurs hôtes, à tirer les cordages, à transporter les provisions, n'était pas moins remarquable que leur scrupuleuse probité. Revenant à bord, le matin, avant que l'équipage fût éveillé, le capitaine Ross, trouve un pauvre Esquimau qui l'attend, rapportant une rame qui avait été perdue. « Il parut enchanté du présent qu'il reçut, mais il était facile, dit le Capitaine, de voir qu'il ne s'y attendait pas. » — L'équipage se fournit auprès d'eux de bottes et de gants, en échange de vieux mouchoirs de coton et de vieux habits ; la plupart ne connaissaient pas l'usage de l'argent et plus d'un préférait un vieux mouchoir à une pièce d'or : vous voyez ici l'influence directe des commerçants instituteurs.

Le Capitaine apprit que le nombre des peaux de renne exportées de là, chaque année, était de *trois mille ;* que la quantité d'huile de baleine ou de veau marin, variable suivant les saisons, pouvait être estimée, en nombre de baleines prises, entre deux et douze. C'était dans les saisons les plus douces qu'on en prenait le moins ; les principales occupations des Danois étaient la chasse et la pêche.

Quelques mots de plus vous aideront peut-être à vous figurer cette station danoise ; on n'aperçoit pas la mer de la

ville, mais seulement le havre ; l'établissement et le havre
sont défendus, au levant, par de hauts rochers et par d'autres encore au couchant ; couverts au midi, d'un peu plus
loin il est vrai, par l'énorme montagne appelée le *Capuchon
de la vieille ;* derrière, s'étend un magnifique rideau de
montagnes. « C'est un lieu singulièrement pittoresque, dit
le Capitaine : séjour à peine supportable, cependant, lors
même qu'une bonne partie de l'année ressemblerait aux trois
jours que nous y avons passés ; les Esquimaux appellent
cet endroit d'un mot qui signifie le *terrier des renards.* »

La rencontre du *Rockwood* n'était pas le moindre des
agréments de cette visite ; à part le plaisir d'un premier
jour de repos depuis le départ, c'était pour nos voyageurs
une singulière bonne fortune que de trouver à l'improviste
sur la côte du Groenland tout ce qu'il leur fallait presqu'aussi
bien que s'ils eussent été dans un chantier d'Angleterre. Le
mât d'artimon, moyennant une journée de travail, faisait
leur affaire comme s'il eût été taillé tout exprès pour leur
servir de mât de misaine ; les provisions qui n'avaient pas
été vendues étaient justement celles dont ils avaient le plus
besoin. Le gouverneur ne voulut rien accepter, et quant
aux objets empruntés au *Rockwood*, il suffit, pour toute for-
malité, d'en transmettre la liste à M. Booth. — Les lettres
du capitaine Ross furent envoyées à la rivière de Baal, au
bâtiment danois qui avait recueilli l'équipage du *Rockwood.*

Les habitants d'Holsteinborg confirmèrent les conjectures
inspirées par l'absence des glaces : ils assurèrent que la
saison actuelle était la plus douce que l'on eût vue, de
mémoire d'homme, dans cet établissement, et que la précédente avait été aussi d'une douceur extraordinaire ; ils
apprirent au Capitaine que dans la dernière partie de l'année
précédente, il n'y avait eu que trois jours pendant lesquels
il n'eût pas été possible à une chaloupe de traverser le

havre ; que le thermomètre de *Réaumur* (1) n'était descendu
que pendant un seul jour à 18 degrés au-dessous de zéro et
que, depuis ce temps, il n'était jamais tombé plus bas
que 9 degrés au-dessous de zéro ; dans les cinq années précédentes, il n'avait pas été rare de voir descendre le même
thermomètre à 32 degrés au-dessous de zéro ; ils ajoutèrent
que, bien qu'il y eût eu beaucoup de neige pendant l'hiver,
il y avait eu peu de gelée en comparaison des autres
années ; concluant que si le passage au nord-ouest pouvait
jamais être découvert, ce devait être cette année même.

Le dimanche soir, 26 juillet, la brise étant enfin favorable
et le bâtiment à flot, il fallut se remettre à vérifier ces
heureux présages ; il n'y avait pas un jour, pas une heure à
perdre. « Nos dignes amis nous accompagnèrent à bord, dit
le Capitaine, et nous levâmes l'ancre sur-le-champ, sous un
salut du Fort, que nous rendîmes ; ils restèrent avec nous
jusqu'à l'entrée de la passe et, là, nous nous séparâmes avec
un dernier et cordial adieu. »

Vous pouvez suivre nos voyageurs sur une carte du
Groenland, du 26 juillet au 6 août ; de l'établissement de
Holsteinborg, le long des côtes orientales de la baie de
Baffin, en vue du cap *Chidley* et des hautes montagnes de
l'île de *Disco*, jusqu'à l'entrée du détroit de Lancastre.

Partout ils rencontrent les signes de l'été le plus favo-

---

(1) Dans le thermomètre de *Réaumur* l'espace entre les deux températures
extrêmes (glace fondante et eau bouillante) est divisé en 80 parties ou degrés.
Dans le thermomètre *centigrade* cet espace est divisé en 100 degrés. Dans le
thermomètre *anglais* ou de *Fahrenheit*, cet espace est divisé en 180 degrés.
Le *zéro* du thermomètre centigrade (température de la glace fondante) correspond au *zéro* du thermomètre de Réaumur et au 32° *degré au-dessus de
zéro* du thermomètre de Fahrenheit ; le 100° *degré* du thermomètre centigrade
(température de l'eau bouillante) correspond au 80° *degré* de Réaumur et au
212° *degré* de Fahrenheit, — Les degrés thermométriques cités dans ce volume
sont ceux du thermomètre centigrade.

rable : les montagnes de glace se montrent seulement le long de la côte ; leur nombre augmente il est vrai, mais elles sont fort petites pour la plupart et dans un état de dissolution. Les hautes montagnes de Disco, les plus voi-sines de la mer du moins, ne sont pas plus chargées de neige que les montagnes rencontrées au midi. Celles de l'intérieur n'en montrent même pas sur toutes leurs faces ; même au milieu des montagnes de glace, la température de la mer ne descend pas plus bas que 5° au-dessus de zéro ; nulle glace à l'endroit où l'*Hécla* et le *Fury* en avaient été entourés un mois plus tard en 1824.

Le 1er août ressemblait tout à fait à un jour d'été, le ciel et la mer donnaient plutôt l'idée de la Méditerranée que de la baie de Baffin. — Le 2, la journée fut superbe ; le ciel était serein, l'air transparent et la mer si unie qu'on ne sentait pas le mouvement du navire. « Sans une montagne de glace que nous avions sous les yeux, nous aurions pu nous figurer, dit le capitaine Ross, que nous étions dans les mers d'Angleterre au milieu de l'été, bien que la tempéra-ture de l'air ne fût que de 7° au-dessus de zéro ; il n'y eut pas, dans toute la journée, une heure pendant laquelle nous ne pussions voir à vingt lieues autour de nous. » Les obser-vations du Capitaine lui donnent 74° 18' de latitude.

Le 3, les hommes travaillaient en chemise et, le 4, le Capitaine les trouve à six heures du matin nettoyant les ponts sans bas et sans souliers. — « Le 7 août, ajoute-t-il, étant eu vue de la terre des deux côtés du détroit de *Lancastre*, nous trouvâmes plaisant, par un temps couvert, de dîner sans feu et l'écoutille entr'ouverte. »

La machine à laquelle force était d'en revenir dans le calme, et qui ne faisait guère alors qu'un mille un quart par heure, avait fini par fonctionner, le 5 août, douze heures durant, sans interruption ; c'était sa plus belle journée ; le lendemain elle se surpassa, marchant en réalité pendant vingt-quatre heures; les seuls incidents de la route, à part les courtes apparitions de la terre à travers les brouillards, sont les effets fantastiques des montagnes de glace qui présentent à l'œil du navigateur des arches de ponts, chargées de châteaux, de clochers, de murailles, et tombent lourdement dans la mer; des débris de navire, un tonneau anglais; des squelettes de baleine couverts de puffins et de xèmès; des troupes de canards et de mouettes blanches. Je ne dis rien des travaux et des contrariétés du bord; un calme complet déroutait toutes les espérances; toutes les mains se levaient pour sentir un souffle sauveur; chaque nuage, chaque masse de brouillard étaient épiés par tous.

Le 9, le vent désiré vint enfin et l'on atteignit le 74° degré de latitude, nulle glace n'était en vue; les montagnes de *Catherine* et d'*Elisabeth* élevaient au-dessus des nuages leurs sommets neigeux.

Le 11 seulement, après deux jours de brouillard, le *Victory* dépasse le cap *York* (1) et rencontre pour la première fois un courant de glaces flottantes, mais avec un bon passage à travers. A neuf heures du soir, après avoir essuyé une tempête au milieu des glaces soulevées, le *Victory* passe devant la baie de *Batty*, puis rencontre des glaces d'un tout autre caractère que celle de la baie de Baffin, beaucoup moins unies et généralement plus épaisses, conséquemment, d'une année plus âgées. Voici un exemple des dangers de cette navigation : le 12 août, à deux heures du matin, une masse énorme de glace que le brouillard avait cachée, composée de pièces détachées, mais trop serrées entre elles pour qu'un bâtiment pût passer à travers, se montra tout à coup

(1) Le capitaine Ross fait observer qu'à partir du cap *York*, le roulis du bâtiment étant devenu très-fort, les boussoles avaient cessé d'être utiles; force avait été de gouverner le navire par le seul secours des calculs astronomiques.

à trois câbles du vaisseau, aperçue seulement par le terrible
mouvement des vagues ; par bonheur, un grand bloc de
glace, donnant au même instant contre le flanc gauche du
navire le tourna du côté convenable ; toutes les voiles étant
déployées, la masse énorme de glace fut doublée à quelques
toises de distance ; les navigateurs, passés d'une mer agitée
sur une nappe d'eau unie comme un miroir, se firent de cet
ennemi évité un abri sûr dans une retraite paisible.

« A sept heures, dit le capitaine Ross, nous vîmes l'endroit où le *Fury* avait fait naufrage ; les pieux qui avaient
soutenu les tentes étaient encore debout. » Ce ne fut que
le 13 à huit heures du soir que le *Victory*, en dépit des vents
et des courants contraires, par le secours successif de la
remorque et de la vapeur ; ne tirant fort à propos que sept
pieds six pouces d'eau sur un fond de huit à neuf pieds et
doublant bien des promontoires de glace, — parvint à
s'amarrer, par seize pieds de profondeur à marée basse,
dans un havre formé par les glaces à un quart de mille des
dépôts du *Fury*. Je laisse ici parler le capitaine Ross.

« Nous trouvâmes, dit-il, la côte presque bordée de
charbon et ce fut avec un intérêt peu commun que nous
nous dirigeâmes vers la seule tente qui fût restée entière.
C'était celle qui avait servi de salle à manger aux officiers
du *Fury ;* il était facile de voir que les ours y avaient rendu
de fréquentes visites ; le commandant Ross avait laissé près
de la porte un sac de notes et d'échantillons d'oiseaux : il y
était encore, mais déchiré et vide ; les côtés de la tente
étaient aussi percés en plusieurs endroits, mais il ne lui était
rien arrivé de plus.

» Nous reconnûmes que rien ne manquait à l'endroit où
les conserves de viandes et légumes avaient été déposées ;
les caisses avaient été empilées en deux tas ; bien qu'expo-
sées depuis quatre ans, à toutes les variations de tempé-

rature, elles n'avaient pas souffert le moins du monde. Il
n'y avait pas eu d'eau pour les rouiller et la soudure parfaite des joints n'avait pas permis aux ours d'en sentir le
contenu ; à l'ouverture, nous ne trouvâmes rien de gelé et
plusieurs articles n'avaient perdu rien de leur saveur, de
leur parfum ; ce n'était pas pour nous une mince satisfaction, car de cette agréable découverte dépendaient, non pas
nos plaisirs de luxe mais la continuation de notre entreprise et notre existence même ; le vin, les spiritueux, le
sucre, le pain, la farine, le cacao, étaient également en très-
bon état, à l'exception toutefois d'une partie de ce dernier,
placée dans des barils ordinaires ; le jus de citron et les
marinades n'avaient pas beaucoup souffert ; les voiles elles-
mêmes qui avaient été très-bien faites, non-seulement
étaient·sèches mais paraissaient même n'avoir jamais été
mouillées. Il était à remarquer, pourtant, que le fil, en blan-
chissant, avait perdu toute apparence et toute odeur de
goudron. »

Nulle trace du *Fury* lui-même, qui sans doute, entraîné
par les glaces et mis en pièces, était allé augmenter de ses
débris la masse de bois qui flotte à la dérive; le *Victory* s'oc-
cupa de compléter ses approvisionnements *pour deux ans et
trois mois.* Singulière rencontre au milieu de cette solitude
de glaces et de rochers, qu'un marché fourni de tout ce qui
était nécessaire, et la réunion sur un seul point de tant de
matériaux pour lesquels il eût fallu courir les magasins de
Londres, le tout, prêt à être mis à bord et sans aucun
déboursé; la certitude de ce secours avait été l'une des
bases principales de la présente expédition. « Cependant,
ajoute le Capitaine, tout ce que nous prîmes parut à peine
diminuer les piles de caisses ; nous embarquâmes tout ce que
nous pûmes, de la farine, du cacao, du sucre, etc., selon
nos besoins réels, évitant avec soin de nous encombrer.

« Le 14, nous continuâmes de transporter les approvisionnements, y compris dix tonnes de charbon. Tous les
vivres et une partie des objets d'équipement y étaient à
l'heure du dîner. » Un mât du *Fury*, repêché, trouve aussitôt son emploi ; nos voyageurs se fournissent aussi d'ancres,
de cordages et d'outils de charpente ; les meilleurs voiles
sont choisies pour le futur abri de leur bâtiment ; le magasin
à poudre, séparé des autres dépôts, avait sa couverture de
toile en lambeaux, mais la poudre s'était conservée parfaitement sèche dans les caisses : « Nous en prîmes, dit le capitaine Ross, ce qui nous parut nécessaire pour notre consommation et, conformément à la demande expresse de sir
Edward Parry et à notre propre pensée, nous détruisîmes
le reste, pour qu'il ne devînt pas fatal aux Esquimaux que
le hasard pourrait amener en cet endroit. — C'est ainsi que
nous achevâmes de nous ravitailler, nous aidant, comme
Robinson, de ce qui pouvait nous être utile dans ce naufrage ; sans perdre de vue, toutefois, les exigences de notre
projet et l'exiguïté de nos moyens de transport. »

Le même jour, à huit heures du soir, après avoir laissé à
terre une note de ses opérations, le Capitaine profite d'une
brise du nord, quitte son abri de glace et fait voile au sud-
ouest ; il dépasse une apparence de détroit entrevue précédemment à quelques milles au sud des dépôts du *Fury*,
pour aller où portent le plus fort courant de glaces et aidé
d'une brise favorable. A minuit, le temps se couvrit ; bien-
ôt après il plut par torrent et la terre fut perdue de vue.
— Le 15, à huit heures du matin, le *Victory* était à un quart
de mille du cap *Garry* ; ici s'arrêtaient les souvenirs du commandant Ross et les connaissances de l'Europe sur le *Détroit
du Prince-Régent* ; à partir de ce point, la nouveauté prêtait
aux moindres démarches de nos voyageurs, un intérêt tout
spécial.

Il faut nous les figurer ici, avançant à raison de trois milles et demi par heure (par un fond de dix à douze brasses, à un quart de mille de la côte) au milieu d'une foule de glaces flottantes ; ces glaces en même temps qu'elles maintiennent la tranquillité de la mer, annoncent aux navigateurs que leur bâtiment trouvera près d'elles assez d'eau pour lui-même. « Le plus grand danger, dit le Capitaine, était de nous trouver pris tout à coup entre les glaces ; aussi étions-nous toujours prêts à prendre le large ou bien à jeter l'ancre, selon les circonstances ; si grand que fût le risque, il n'y avait pas à négliger un bon vent pendant que la mer était encore suffisamment libre. »

Je passe sous silence les paysages qui se dessinent les uns après les autres devant les navigateurs, les baies qu'ils rencontrent, formées la plupart par les embouchures de rivières, une entre autres à laquelle l'étendue de ses alluvions semble attribuer un long cours ; les îles, les hauteurs isolées et, dans l'éloignement, derrière les plaines basses et plates du rivage côtoyé, une chaîne de montagnes bleuâtres, dépourvues de neige.

Plusieurs baleines d'une couleur claire s'approchent du bâtiment, et cette masse flottante qu'elles prennent sans doute pour quelque animal de leur espèce, ne leur cause aucune inquiétude. — Un croissant de glace barre bientôt le passage.

Le 16, à deux heures du matin force fut de s'amarrer, à une montagne de glace, à une portée de fusil de la côte, sur trois brasses et demie d'eau.

« Je me rendis alors à terre avec tous les officiers, dit le capitaine Ross, pour prendre possession formelle de la terre nouvellement découverte (1) ; à une heure de l'après-midi,

(1) « Puisqu'il faut bien faire ce qui est futile ou absurde quand la coutume l'exig., » dit le Capitaine à propos d'une autre *prise de possession*.

ce qui répond, à peu près, à sept heures du soir et quelques minutes à Londres, le drapeau anglais fut déployé avec le cérémonial d'usage et nous portâmes la santé du roi et celle du patron de notre expédition dont nous avions déjà donné le nom à cette terre (l'appelant la *Boothia-Felix*)... Bien que formé de pierre à chaux, le terrain était couvert de blocs épars de granit, ce qui indiquait la nature probable de la région montagneuse que nous apercevions au-delà ; du côté de l'est, le roc était entièrement à nu, mais à l'ouest on voyait des signes de végétation et nous trouvâmes des plantes en fleur à mettre dans notre herbier ; nous reconnûmes les débris d'un tombeau d'Esquimaux, des os de renards, des dents de bœufs musqués ; nous ne vîmes d'autre créature vivante qu'un oiseau ressemblant à une alouette de mer. »

Obligés d'attendre le bon plaisir des glaces, les voyageurs eurent bientôt la joie de les voir du haut des collines se mettre en mouvement dans le lointain, et se diriger vers le sud. — A cet endroit (1), à la latitude nord de 73° et à la longitude ouest de 93° 40', il ne s'en fallait plus que de la 360° *partie du cercle* ou, comme on dit, d'un *degré* que *l'aiguille d'inclinaison* se tînt exactement perpendiculaire à l'horizon ; c'était un degré d'inclinaison de plus qu'à la pointe du *Fury.*

Le 17, obligé de quitter le bloc de glace qui le retenait et que la marée avait remis à flot, *le Victory* a recours à sa machine, mais il y gagne peu de choses ; il rencontre, sur son chemin, nombre de baleines qui prennent leur repas à leur aise et dans une sécurité parfaite, se dérangent à peine pour le laisser passer ; le mouvement des roues fait apparaître, en foule, les faces à moustaches des veaux marins.

« Le 18, dit le journal du Capitaine, nous continuâmes a

_____

(1) Nommé par le capitaine Ross l'île *Brown.*

faire trois milles et demi à l'heure, au milieu des glaces flottantes, sans pouvoir nous empêcher d'en heurter quelques-unes; recevant en retour plus d'un bon coup, mais sans avarie. » A huit heures, trouvant le passage barré, ils se mettent à la remorque d'un champ de glace qui les entraîne au nord-est; puis essaient, non sans de grands périls, de se rapprocher des récifs du rivage, pour y trouver un passage et sont forcés de rebrousser chemin.

» Le 19, dit le capitaine Ross, à quatre heures du matin, comme nous essayions de passer entre deux énormes glaçons, ils se rapprochèrent tout à coup de manière à nous étreindre violemment, mais sans nous blesser pourtant; nous finîmes par nous frayer un passage entre eux; il fallut presque aussitôt reconnaître que nous étions à peu près au bout de l'eau libre, et comme le vent avait fraîchi, force fut de nous amarrer, pour notre sûreté, au plus gros bloc que nous pûmes trouver; c'est ce que nous fîmes à cinq heures... A midi nous avions fait plusieurs milles au sud à la suite de notre protecteur.

» Après midi, les glaçons qui étaient plus forts que jamais, vinrent sur nous avec tant de violence que nous pûmes à peine démonter le gouvernail assez à temps pour le sauver. Nous continuâmes à dériver au sud avec la glace, très-lentement. A huit heures le mouvement à peine sensible nous permit de dégager le gouvernail... Quelques instants après de nouvelles masses de glaces soulevèrent presque entièrement *le Krusenstern* hors de l'eau... A minuit la température de l'air était à 2° au-dessus de zéro, et celle de l'eau à zéro.

Le 21, changement subit : la température de l'air remonta à près de 4°; une bonne partie de la nouvelle glace se fondit, un plus grand espace de mer fut mis à découvert, et les voyageurs purent examiner à leur aise quatre lieues de

plaines unies de dépôts calcaires, et au-delà les montagnes
rugueuses et d'un bleu foncé, dont la nature granitique
n'était plus en doute. L'atmosphère était aussi transparente
que l'air était calme.

Le 22, même calme, même immobilité des glaces. Les
Anglais aperçoivent une grande baleine et ont la visite de
deux ours, qui échappent à leurs coups de fusil, ainsi que
plusieurs veaux marins. « Nous apercevions distinctement,
dit le Capitaine, une ligne d'eau parfaitement libre le long
du rivage et n'en avions que plus de dépit de ne pouvoir
nous dégager des glaces... Dans la soirée, la terre fut singulièrement élevée par la *réfraction*, ce qui nous fit voir très-
distinctement le canal d'eau libre, le long du rivage. »

C'est seulement deux jours après, le 24, par une matinée
calme, que la glace laisse un passage au navire mis en mouvement par la vapeur. Amarrés bientôt à une demi-lieue de
leur point de départ, à un bloc de glace échoué, les voyageurs voient s'écouler rapidement vers le nord les glaçons
détachés au mileu desquels ils ont passé les derniers jours
et qu'ils ont quittés à temps. La malheureuse machine est
du reste impuissante contre le vent du sud ; il y avait seize
milles à faire pour atteindre le point le plus éloigné, et la
machine du *Victory* ne pouvait lui faire faire un pas. Tous
les efforts furent inutiles.

Le 25, la température s'adoucit encore et une pluie, bénie
des voyageurs, vient à leur secours. Le 26, le passage étant
suffisamment libre et la machine donnant à grand'peine
sept révolutions par minute, le bâtiment fait un peu de
chemin, à raison d'un mille à l'heure ; il arrive ainsi dans
une baie à laquelle des montagnes de glace échouées servent
de jetée ; et s'appuie à un monticule de granit par douze
pieds d'eau à la marée basse.

Du haut de ce monticule, de deux cents pieds environ,

la vue était arrêtée au sud et à l'ouest par d'autres montagnes plus hautes. « Nous n'y vîmes aucun animal. dit le Capitaine, mais nous y trouvâmes en plusieurs endroits des traces d'ours, de rennes et de ptarmigans. » Ce monticule portait deux petits lacs entourés de lichen et de mousses. Point de neige ni là, ni aux environs ; au fond de la baie, vingt petits murs circulaires qui avaient supporté les tentes d'été des Esquimaux. Les Anglais trouvent en outre une paire de bois de renne et quelques trappes à renard. Ils remarquent des écailles entre les feuillets de la pierre à chaux blanchâtre dont se compose le sol de la vallée.

Le 28, le vent pousse les glaces contre la côte et un énorme glaçon ferme aux voyageurs l'entrée de leur havre. — Le 29, ils essaient de se frayer un passage à la voile, et sont obligés de revenir sur leurs pas. Bientôt un coup de vent du nord-est serra tellement les glaces contre le rivage que, du bâtiment, l'on ne vit plus un seul espace d'eau libre. Le 30, au matin, après une nuit d'ouragan, au milieu des glaces immobiles, les voyageurs voient pour la première fois de la neige sur les montagnes. — Le 31, la terre en était entièrement couverte. Ce même jour la neige, qui continuait de tomber, se change peu à peu en pluie, et la température monte de zéro à 2° au-dessus.

Le 1er septembre le *Victory* profite d'un passage libre, et s'avance à l'aide des voiles, autant qu'il peut, forcé bientôt de s'amarrer à un gros glaçon et de dériver avec lui vers le sud ; le soir, halte des glaces et du bâtiment qu'elles remorquent. A deux milles de distance plusieurs îles (prises précédemment de loin pour une seule) offrent l'aspect le plus aride et le plus désolant, une surface de rochers noirs et rugueux, sans aucune trace de végétation ni d'oiseaux. — Le 2, par une température de 4° au-dessus de zéro, les six chiens groenlandais, présent du Gouverneur de Holsteinborg, haletaient de chaleur et cherchaient un peu d'ombre derrière les inégalités de la glace. Les glaces se remirent en marche vers le sud. — Le 3, une chaîne de rochers arrête le navire; pluie violente à minuit. La vue d'un ours et d'un veau marin avaient été les seuls événements d'une journée de halte et de brouillard.

Le 4 septembre, pluie, ouragan, brouillard. Le bâtiment fait, entre deux champs de glace, quatre milles vers le nord-ouest. La prise d'un hibou et d'un veau marin sont les seuls incidents de cette marche rétrograde. — Le 5, les voyageurs se trouvent avoir perdu, à la suite des glaces, dix-neuf milles du sud au nord, et quatorze de l'ouest à l'est. Ce même jour, ils se fraient un chemin au sud, entre les glaçons, non sans essuyer de violents chocs. — Le 6, après deux jours de pluie, amarrés à une montagne de glace dans un havre magnifique, nommé par eux havre d'*Elisabeth*, ils voient passer plusieurs troupeaux de rennes ettuent trois lièvres *blancs*. Aucune apparence de bois sur le rivage; une bruyère, dont la tige n'avait pas un pouce de grosseur, était la plus grande plante. Le sol était complètement nu. Les vallées de l'intérieur, coupées de nombreuses mares, montraient seules quelque verdure.

Le 9, la température de l'air, à bord, dans le voisinage même d'une montagne de glace, n'était pas de moins de 3° et demi au-dessus de zéro; elle était de 5° sur le rivage. Une énorme renne, tuée trois jours auparavant, et dont les chasseurs n'avaient pu rapporter que la tête et le bois, n'était plus bonne qu'à donner aux chiens. — Le 10, départ vers le sud-est, à trois heures du matin, au point du jour, à travers les ouvertures des glaces détachées. Après une marche de trois lieues, le vent devient contraire; les glaces sont ramenées rapidement sur le navire qui a tout juste le temps de s'abriter, pour la nuit, entre des îles de granit et la terre ferme, amarré à un bloc de glace, par trois brasses d'eau. Aucune trace de créature vivante sur ces îles. — Le 11, le *Victory* se trouve pris, dans le canal même, entre les glaces pressées.

« Le 12, dit le capitaine Ross, un vent d'ouest nous amena de nouvelles glaces, avant le jour; la pression augmenta d'une manière terrible; puis, la masse entière se mit à se mouvoir vers l'est avec une effrayante rapidité, entraînant avec elle notre malheureux vaisseau, au milieu du choc et du bruit épouvantable des glaces contre les rochers.

» Le jour paraissait à peine quand nous nous trouvâmes près d'une pointe, entre deux bras de mer; dans lequel allions-nous être poussés, ou bien serions-nous portés sur les rochers qui nous entouraient de toutes parts, les uns cachés sous l'eau, les autres se dressant au-dessus? Notre bonne fortune l'emporta. » — Le courant donnant vers le passage le plus large et les glaces s'ouvrant, le bâtiment put regagner le terrain perdu, sauf à s'amarrer encore une fois à un bloc de glace échoué. Dans le conflit des glaces, *le Victory* avait été soulevé par la pression et presque couché sur le flanc. *Le Krusenstern* avait été tiré tout à fait hors de l'eau, et mis à sec sur la glace. « Cependant, dit le Capitaine, aucun des deux bâtiments ne fut sérieusement endommagé.

» Je n'étais pas le seul de l'équipage, ajoute-t-il, pour qui de pareilles scènes ne fussent pas nouvelles et, de manière ou d'autre, nous avions toujours réussi à nous tirer d'affaire. Nous n'en étions pas moins à nous demander comment il se faisait que nous eussions traversé d'aussi grands dangers sans aucun dommage matériel. Il est malheureux qu'aucune description ne puisse donner au lecteur une idée d'une position pareille. Quant au pinceau, il ne peut rendre le mouvement et le bruit; à ceux qui n'ont pas

vu les mers du nord en hiver, ou qui ne les ont pas vues
dans une tempête d'hiver, le mot de *glace* ne rappelle que
des masses paisibles sur un lac ou sur un canal, et ne
permet guère de concevoir le sort qui attend le navigateur
dans les régions arctiques. Qu'ils se figurent donc que la
glace est une pierre, un roc flottant sur une pente, changé
subitement en promontoire, en île, s'il touche le fond, et
non moins solide alors qu'une masse de granit; qu'ils se
représentent, s'ils peuvent, ces montagnes de cristal, lancées
à travers une gorge étroite par une marée rapide, se ren-
contrant comme pourraient le faire des montagnes en mouvement, avec le bruit du tonnerre, s'arrachant les unes aux
autres des fragments pareils à ceux qui sont suspendus au-
dessus des précipices, ou bien s'ébranlant l'une l'autre, au
point de perdre l'équilibre et de tomber à la renverse, sou-
evant alors au loin la mer tournoyante; tandis que les
énormes plaques de glace, poussées contre ces blocs ou
contre les rochers par le vent ou par le courant, se dressent
hors de la mer jusqu'à ce qu'elles retombent en arrière,
ajoutant encore à l'indescriptible commotion et au bruit terrible qui accompagnent ces rencontres.

» Ce n'est pas peu de chose aussi que de savoir et de
sentir sa complète impuissance en pareil cas. Il n'y a pas un
instant où l'on puisse conjecturer ce qui arrivera quelques
minutes plus tard; il n'y en pas un qui ne puisse être le
dernier, et cependant c'est le moment qui va suivre qui
apportera le salut. C'est une situation étrange; si redoutable qu'elle soit, elle ne laisse souvent pas de temps à la
frayeur, tant les incidents sont inattendus, et les chan-
gements de scène, rapides. Au milieu de ce tumulte, le
navigateur, toujours sur le qui-vive, n'a pas une circonstance
à négliger, pas la plus petite occasion à manquer; le pis est
qu'il n'a rien à faire; pas le plus petit effort à tenter. Au

milieu de ces mouvements qui l'excitent, il faut qu'il attende, spectateur immobile, comme si le spectacle auquel il assiste ne le regardait pas. — Je ne dois pas oublier, ajoute le Capitaine, les obligations que nous eûmes à notre navire. Ici et ailleurs son faible tirant d'eau nous était du plus grand avantage et encore plus la manière admirable dont il avait été fortifié. Il est évident que pas un des vaisseaux employés dans les précédentes expéditions, n'aurait pu éviter de se perdre ici ; car ils auraient touché les rochers sur lesquels nous étions lancés par les glaces, et, avec toute la solidité possible, ils eussent été brisés comme des coquilles de noix. (1) »

Le 12, à neuf heures du soir, un fort courant avait arraché le bâtiment à sa retraite ; il s'efforce de gagner à la touée un petit espace d'eau qui se trouve être un tourbillon auquel il n'échappe qu'après avoir tournoyé plus d'une heure en se rejetant au milieu des glaces ; réduit à s'attacher à une glace flottante ; toué enfin, malgré le vent contraire, derrière un récif bordé de glaces échouées, et amarré enfin, par quatre brasses d'eau, à deux blocs de glace, à quelques toises du rivage ; une éclipse de lune fait donner à ce havre le nom de havre de l'*Éclipse.*

Le 14, après quelques milles de marche vers le sud, nos voyageurs se trouvent en vue d'îles petites et nombreuses ; les glaces mobiles qui se serrent, les obligent à se réfugier dans une petite baie. — Le 15, un ouragan accompagné de neige accumulant une grande quantité de gros glaçons, le bâtiment se trouve complètement bloqué ; la mer est parfai-

---

(1) « Mon opinion n'a pas changé, écrit le Capitaine (*Introduction*, page XVIII) un bâtiment de découverte envoyé dans ces régions, ne doit pas tirer plus de dix pieds d'eau ; il doit être aussi fort que l'était le nôtre et aussi facile à manœuvrer ; et il doit, en outre, avoir une machine à vapeur pour s'en servir au besoin. »

tement libre à un quart de mille; un travail pénible ouvre à grand'peine un chemin quadruple de la longueur du navire; les glaces continuent de s'amonceler et paralysent tout effort.

« Pour comble de malheur, dit le Capitaine, le bloc auquel nous étions amarrés se mit à flot, ce qui nous donna beaucoup d'embarras, et l'un des blocs voisins se fendit en six morceaux, tombant dans l'eau avec un fracas effroyable et la rejetant tout autour; un de ces débris donna une violente secousse à notre navire; un autre, se relevant sous *le Krusenstern*, le mit à sec sur la glace, puis le relança à la mer. »

Toutefois ces glaces si terribles ne sont pas toujours à maudire. En faisant la balance, dit le Capitaine, de toutes les aventures qui nous arrivèrent au milieu des glaces, je n'aurais peut-être pas tort d'affirmer qu'elles furent plus souvent nos amies que nos ennemies; nous ne pouvions, il est vrai, commander à ces montagnes de glace de nous prendre en toue, de nous faire un bassin paisible au milieu d'une mer furieuse; ou bien quand il nous fallait un havre, de venir à notre aide, de nous enceindre d'une digue de cristal et d'improviser pour nous une jetée de Cherbourg ou de Plymouth. « Mais, pouvait-il ajouter, « nous avions plus d'une fois les glaces à nos ordres, en consentant, en retour, à nous conformer aux leurs ». — Force était aux étrangers de faire acte de déférence et de respect envers les puissances jalouses qu'ils trouvaient en possession de ces mers. Le 18, à cinq heures du soir, par un vent violent, le vaisseau agité dans sa retraite, par le mouvement de la mer et des glaces détachées, n'y pouvait plus tenir, — quand, tout à coup, une flotte d'îles de glace se dirige vers lui, et s'arrêtant à peu de distance, fait tout rentrer dans le repos.

Il est inutile d'insister davantage sur les détails de cette

navigation au milieu des glaces ; si les voyageurs prati-
quent à grand'peine un passage, un énorme bloc de glace
vient échouer en travers du chemin qu'ils sont venus à bout
de se frayer ; ou bien s'ils parviennent à sortir de la baie,
et réussissent à suivre quelque canal d'eau libre, le long du
rivage, la quille effleure les rochers et la marée basse les
laisse presque entièrement à sec ; les propres paroles du
capitaine Ross rendront mieux l'impression que de tels
contre-temps durent produire à la veille d'un hiver qui
devait arrêter toutes les recherches.

« Le 22 septembre, écrit-il, une forte brise s'éleva pendant la nuit et, au point du jour, nous vîmes qu'à l'exception
de deux blocs, elle avait emporté toute la glace que nous
avions coupée et que l'eau était libre hors du havre. Nous
nous remîmes donc tous à l'ouvrage pour briser la glace
qui restait, la marée en emportant les plus gros fragments ;
ce travail devenait plus fatigant à mesure que nous avancions, de sorte que nous n'eûmes fini de couper un gros
glaçon que vers le soir ; mais, alors, une masse énorme qui,
se détachant à l'est, promettait de balayer le chemin devant
nous, toucha le fond et y resta fixée, précisément en face
du canal que nous étions en train de former. — Il fallut
donc recommencer une autre tentative sur un autre point ;
faire un nouvel appel à la patience et montrer encore une
fois cette énergie de résolution qui, partout indispensable,
ne l'est nulle part davantage que chez ceux qui veulent
abattre les obstacles sans cesse renaissants d'une mer de
glace. Nous avions complètement réussi quand la nuit
arriva. » Le bâtiment fait quelques pas, puis les travailleurs
voient, dès le lendemain, revenir sur eux les glaces qui
s'étaient éloignées : nouveau problème à résoudre ; nouveaux efforts à tenter. « Du haut d'une colline, dit le Capitaine, les circonstances nous parurent pires encore que

nous l'avions supposé ; impossible de revenir à l'excellent
havre que nous venions de quitter ; la mer se couvrait en
outre d'une nouvelle glace ; le thermomètre, qui les trois
derniers jours avait varié entre 2 et 4 degrés au-dessous de
zéro, était alors à 6° au-dessous de zéro ; le matin (du 23)
fit évanouir les dernières espérances ; il avait beaucoup
neigé depuis minuit ; et la terre, les rochers, la glace, le
pont du navire, tout était couvert d'une épaisse couche de
neige ; le passage ouvert la veille avait été fermé par de
grands morceaux de glace et deux montagnes de glace
détachées du rivage. » A huit heures, il était rouvert par
l'obstination anglaise, en dépit de l'ouragan ; ce même jour,
un grand progrès, bien que chèrement acheté, un progrès
de quatorze milles, récompense leurs efforts et ranime leur
courage. — Le 24, ils se trouvaient entre les glaces flottantes et une île à laquelle le Capitaine donne le nom de son
fils *André Ross*. La position n'étant pas tenable il fait chercher
un havre. « Tout à coup, dit-il ici, les glaces changèrent de direction et, avant qu'on pût le prévenir, l'avant du navire
fut porté sur les rochers avec tant de violence qu'il s'éleva
de dix-huit pouces. » En pareille occurrence, le navire n'a
pas le choix du havre qu'il cherche et les voyageurs s'esti-
ment heureux de le faire entrer dans un canal qui est bien
juste de sa largeur et dans lequel il trouve à peine les huit
pieds d'eau dont il a besoin. Quant à l'île, aux montagnes
granitiques, près de laquelle *le Victory* se repose, elle ne
présente aucune trace de végétation ; une mouette verte
fut le seul animal que les Anglais y virent. — Les masses de
glaces qui montent et descendent avec la marée ferment le
canal au navire. — Le 28, ouragan et déluge de neige ; le
passage est libre, mais le vent est contraire.

Départ le 30 septembre, à six heures du matin, sans avoir
pu, comme à l'ordinaire, découvrir du haut des montagnes.

ce qui est au-devant; ce même jour, après avoir fait environ dix-sept milles, cinq au sud et douze au sud-ouest, il fallut renoncer à s'avancer plus loin, les masses de glaces fermant, au loin, tout passage; il fallut laisser cet espoir de passer à l'ouest qui jusqu'au dernier moment avait fait illusion sur les embarras futurs et avait voulu toucher et palper l'infranchissable barrière; il fallut se rapprocher de la terre et chercher un havre.

« *Ce fut alors*, dit le capitaine Ross, *que nous fûmes forcés de réfléchir*; car ce fut alors que nous n'eûmes plus rien autre chose à faire; ce fut alors aussi que les longs et terribles mois, ou plutôt la longue année de notre inévitable détention au milieu de cette glace *inremuable*, se présentèrent à nos yeux; pour la première fois, la porte de notre prison se refermait sur nous; captifs, abandonnés, sans espoir, la nature elle-même ne pouvait plus rien pour notre soulagement ou notre délivrance. Eussions-nous fait davantage? eussions-nous été plus loin? eussions-nous surmonté ces difficultés et d'autres encore? eussions-nous, en un mot, atteint l'objet de nos vœux? rejoignant les découvertes faites à l'est, fussions-nous entrés dans le grand Océan, par le détroit de *Behring* et revenus chez nous par le détroit de *Magellan?* — si la machine à vapeur eût répondu à notre attente, si nous fussions arrivés dans ces mers glaciales, comme nous le devions, un mois ou six semaines plus tôt? Était-ce cette complication de circonstances impossibles à prévoir qui nous avait empêché de compléter le tracé de l'Amérique, de reconnaître le *passage du nord-ouest*, — en une seule saison?... »

PREMIER HIVERNAGE.

Octobre. — Le 8, après une semaine d'attente vaine et de préparatifs de départ inutiles, le peu d'espérance qui pouvait rester encore s'évanouit; il n'y avait plus moyen de douter que les voyageurs fussent là pour tout l'hiver; car nulle part on n'apercevait une seule goutte d'eau. A l'exception de quelques sombres points de granit rouge, la terre n'offrait qu'une immense étendue de neige, éblouissante et monotone.

« Dans sa plus grande beauté, dit le capitaine Ross, cette terre, la terre des glaces et des neiges, n'a jamais été et ne sera jamais qu'une solitude désolante, engourdissante, un désert immuable dont la vue paralyse l'esprit et lui ôte le sentiment que pourrait inspirer, dans sa nouveauté, un pareil spectacle, s'il ne durait qu'un seul jour : spectacle d'uniformité, de silence et de mort. L'imagination la plus vive serait impuissante à décrire ce qui n'offre pas de variété, où rien ne se meut, où toute chose est le lendemain comme la veille, triste, froide, immobile » ; le thermomètre était alors, la nuit, à 10° et 11° au-dessous de zéro, mais il remontait encore de trois ou quatre degrés pendant le jour.

La première occupation fut de changer le *Victory* en maison d'hiver ; on l'agrandit en en retirant la machine à vapeur tant de fois maudite et que l'on avait fini par démonter dans les dernières semaines, au grand contentement de tout l'équipage ; les canons et les barques furent déposés à terre; les agrès furent démontés, nettoyés, étiquetés; le vaisseau fut ensuite recouvert d'un toit construit avec les voiles de rechange du *Rockwood* et du *Fury*.

» Dégagé de la glace qui l'entourait et prenant sa nouvelle ligne de flottaison, le bâtiment monta de neuf pouces ; après quoi il fut entouré jusqu'au plat-bord d'un mur de neige et de glace ; le tillac, sous son abri de toile, fut couvert de deux pieds de neige que l'on foula de manière à en faire une masse de glace et que l'on recouvrit ensuite de sable : comparable alors à une allée de jardin passée au rouleau. »

Quant à l'intérieur, diverses précautions furent prises pour y maintenir l'air dans l'état de chaleur et de sécheresse nécessaires ; la cuisine fut changée de place et mise au centre des hamacs de l'équipage, afin que la chaleur se distribuât plus également ; un tuyau pour la conduite de l'air, du tillac à la cheminée, permit d'alimenter et de régler le feu sans courant d'air à l'intérieur et de maintenir le premier pont, habitation principale de l'équipage, avec très-peu de charbon, à la température de 12° qui avait été jugée la plus avantageuse. Pendant le jour, c'est-à-dire depuis six heures du matin jusqu'à neuf heures du soir la cuisine à vapeur suffisait pour préparer les vivres et donner la chaleur nécessaire ; pendant la nuit le four de la boulangerie servait au même usage et chauffait en outre le sable que l'on devait répandre le matin dans les chambres. Les cuites de pain avaient été réglées de manière à ce que la chaleur du four se fît sentir toutes les nuits. Le tuyau de cuivre qui fournissait l'air au feu, tout en dispensant de laisser entrer au-dedans l'air glacé du dehors, s'échauffait lui-même pour aider à maintenir l'air sec dans la chambre. — D'autres tuyaux en cuivre furent, en outre, disposés à l'entour de la chambre pour condenser l'humidité de l'air ; au-dessus de la cuisine à vapeur et du couloir d'arrière, des ouvertures furent pratiquées dans le tillac et l'on y plaça des chaudières en fer renversées, dans le même but ; la vapeur de l'air s'y déposa aussitôt sous forme de glace.

Ces *condensateurs*, nettoyés tous les samedis, formaient environ un boisseau de glace par jour, ce qui représentait d'abord une certaine quantité de vapeur qu'il eût fallu respirer ou bien une masse proportionnée d'eau qui eût dégoutté du plafond, ou des lambris et, se fût résolue en pluie sur les vêtements. « Nous songeâmes avec plaisir, dit le Capitaine, que sans la réunion et la solidification de ce boisseau de glace sur nos condensateurs métalliques, nous eussions été nous-mêmes les condensateurs. » Dans les voyages précédents, pour faire déposer la vapeur sur les solives et sur le plancher, on avait été obligé de porter la température à 21° ; ici le degré de sécheresse désirable était obtenu par une température de 8 à 10 degrés.

Le mesurage du charbon en donna sept cents boisseaux ; ce qui devait suffire pour les besoins ordinaires d'un pareil nombre de jours ; examen fait des provisions, il s'en trouva pour deux ans et dix mois, à ration entière ; l'huile et le suif suffisaient pour le même espace de temps ; restaient les ressources promises par la chasse aux ours, aux renards, aux lièvres, aux rennes, aux veaux marins, etc. Le déjeuner consistait en cacao et en thé, le dîner était à midi ; quand le temps le permettait, l'on travaillait dehors jusqu'a trois ou quatre heures ; quand cela n'était pas possible, les hommes étaient obligés de se promener sur le tillac, sous le toit, pendant un certain nombre d'heures ; ils prenaient le thé à cinq heures ; puis se rendaient à une école du soir qui durait de six à neuf heures ; la leçon finie (leçon d'écriture, de lecture, d'arithmétique pour les uns et de navigation pour les autres) on tendait les hamacs et l'on se couchait à dix heures.

« Les trois enseignes, l'ingénieur et le harponneur, avaient chacun à leur tour la garde du tillac avec un homme ; leurs fonctions étaient de surveiller le feu, de voir s'il ne paraissait

ni animaux sauvages ni naturels du pays; de tenir note de
la direction et de la force du vent, de l'état du ciel et de la
température de l'air ; de l'arrivage et du départ des marées;
de l'apparition des aurores boréales. Les officiers, les charpentiers, l'armurier, le cuisinier avaient assez à faire dans
leur département respectif; les chiens groenlandais étaient
le plus souvent possible exercés au tirage des traîneaux.

» Le dimanche (jour rigoureusement célébré pendant
tout le voyage quand les besoins de la manœuvre ne
l'avaient pas empêché) aucun travail n'était permis ; les
hommes mettaient leurs meilleurs habits et étaient passés en
revue à dix heures ; après quoi il y avait prière et lecture
de sermon : une collection de petits traités religieux, dit le
capitaine Ross, nous avait été donnée pour cet usage ; à six
heures, école du dimanche; lecture de quelques passages de
la Bible, terminée par les leçons et psaumes indiqués dans
la liturgie anglicane... Nos hommes, ajoute le Capitaine,
semblaient véritablement sentir que nous composions tous
une même famille ; la distribution du grog avait cessé ; les
spiritueux avaient été réservés pour les futures expéditions
à terre et pour les événements imprévus; le samedi soir,
l'école était remplacée par une sorte de bal, dont le violon
du charpentier était l'orchestre. »

Toutes ces précautions et d'autres encore que vous sup-
poserez facilement sans que je les énumère, ne doivent pas
dispenser, comme l'observe fort bien le Capitaine, ceux qui
projettent de pareilles entreprises, d'avoir égard au tempé-
rament dans le choix des hommes qu'ils envoient dans ces
climats; on ne peut assurément trop insister sur les soins
qui se rapportent aux vêtements, aux aliments, à toutes les
occupations capables d'entretenir l'espérance et l'ardeur;
mais toutes ces précautions réunies ne peuvent donner la
constitution indispensable, sous cette latitude : une consti-

tution qui produise beaucoup de chaleur, une constitution
ardente, espérante. Le capitaine Ross se cite lui-même
comme possédant à un haut degré le principe générateur de
la chaleur ; il faut convenir en outre que sa position spéciale et la responsabilité qui pesait sur lui devait être pour
lui un excitant plus efficace que toutes les promenades
forcées des matelots sur l'allée de sable du tillac. — « De
là vient, dit-il, cette indifférence au froid que j'ai toujours
éprouvée et, par une conséquence toute simple, le peu de
souffrances qui ont été comparativement mon partage durant
ce que je puis appeler un long hiver, correspondant à *quatre
hivers* d'Angleterre, quoique l'Angleterre n'ait jamais vu,
n'ait jamais pu se figurer rien de pareil et durant *cinq étés*
qui tous, en notre pays, eussent été plus rigoureux que nos
mois de janvier et de février. »

Ce choix fait, des constitutions les mieux défendues contre
le froid par la nature, le choix et l'abondance des aliments
sont de première considération ; le capitaine Ross ne trouve
rien de mieux à faire, sous ce rapport, que d'adopter (ici
comme ailleurs) les usages qui réussissent aux habitants du
pays. « L'expérience a montré, dit-il, qu'une nourriture
huileuse et graisseuse est le vrai secret de la vie dans ces
régions. » La difficulté est de faire adopter ce régime aux
marins qui font ces voyages. « Je ne sais, dit le Capitaine,
si cela même est impossible ; car on sait que dans les hôpi-
taux d'Angleterre, les personnes attaquées de rhumatismes
qui en ont été guéries avec de l'huile de poisson, non-seulement ont appris à l'aimer, mais ont préféré même celle qui
a l'odeur la plus forte et la plus repoussante ; il va sans dire
que d'envelopper de peau d'ours ou de flanelle un homme
chez qui une nourriture abondante ou bien une constitution
spéciale ne produisent pas de chaleur, c'est mettre une couverture à un morceau de glace ; c'est une méprise trop

commune de s'imaginer que les matières qui peuvent retenir la chaleur, puissent aussi la produire. »

A part ces premiers arrangements qui raccourcissent un peu le premier mois de captivité, ce premier mois ne présente aucun incident remarquable ; quelques lièvres au poil blanchi, tués au passage, un renard blanc pris dans une trappe, un veau marin tué et perdu, ne font pas une chasse bien brillante. Le 6 fut marqué par une prise plus notable ; un ours qui n'était pas le premier que la faim eût attiré près du bâtiment, mollement poursuivi, contre l'ordinaire, par les chiens groenlandais, se jeta au milieu des glaces nouvelles qui retardèrent sa course ; une barque l'atteignit et il fut tué ; quand on l'eut apporté à bord, il se trouva que c'était une femelle, ayant six pieds huit pouces entre le nez et la queue et pesant cinq cents livres; le squelette fut donné à nettoyer aux petits poissons marins. — Le 14, un corbeau vola autour du navire

Quant à la température elle avait singulièrement baissé ; le thermomètre qui, le premier octobre, était, la nuit, à 8° au-dessous de zéro et remontait le jour à 6° ou 7°, descendit, le 3, à 10° au-dessous de zéro (1), remonta le 7 à—6°, le 8, à—4°, redescendit le 9 à—10°. « Cette nuit, dit le journal du Capitaine, fut la première d'une clarté parfaite depuis notre séjour en ce détroit ; la lune était dans son plein et animait toute chose d'une façon inaccoutumée » ; le 13, le thermomètre tomba à—12°. Le 14, jour de neige, le thermomètre était à—5° ; le 16, il descendit à—14°. Le 17, les trous qui

---

(1) Pour abréger, les degrés *au-dessous de zéro* sont distingués par le signe —; 10 degrés au-dessous de zéro s'écrivent ainsi : — 10°. Les degrés *au-dessus de zéro* sont distingués par le signe +; 10 degrés au-dessus de zéro s'écrivent ainsi : + 10°. Je ferai désormais usage de ces abréviations.

restaient dans la glace étaient complètement gelés; un peu
d'eau libre était encore aperçue au nord ; le thermomètre
varia de 10 à 13 degrés au-dessous de zéro. Le 18, à sept
heures du soir, il était de cinq degrés plus bas, à—18°; le
19, il varia de—15° à—20° ; le 23, de—21° à—13°. Le 21,
hausse de température, résultat d'un ciel chargé et annonce
infaillible de neige en ces climats; le thermomètre monte
à—9°. Le 27, après la neige et l'ouragan, le temps s'éclaircit,
et le thermomètre descendit à—23° ; le 28, il tomba à—25°;
enfin après avoir remonté le 29, par un temps de neige, il
descendit le 31 à 26° au-dessous de zéro; le soleil à son
coucher, était entouré d'un grand halo, c'était la seconde
fois que les voyageurs observaient ce fait; leur journal
mentionne plusieurs aurores boréales, mais sans en donner
de description.

Diverses excursions avaient permis de reconnaître une
chaîne de montagnes au sud-ouest; la terre ne différait pas
de celle qu'ils avaient vue tout le long du chemin ; toujours
des vallées de sol calcaire, coupées par des lacs. Du reste,
rien n'annonçait le passage des Esquimaux, sinon quelques
piliers de pierre, dressés de loin en loin, pour effrayer les
rennes et les faire venir à la portée des chasseurs.

Novembre. — Ce mois présente des variations de température encore plus fortes que le précédent et des ouragans
presque continuels, accompagnés de neige; les mouvements
du baromètre mettent en défaut les formules par lesquelles
on les croyait dûment résumées.

« Le baromètre, dit le Capitaine, descendait quand toutes
les raisons qu'il monte, se trouvaient réunies. Il descendait
par les vents du nord et de l'est et même par les vents de
terre, ce qui a été donné comme raison pour qu'il monte,

et montait dans les circonstances contraires. Une forte baisse du baromètre amenait du beau temps; une hausse amenait de la pluie, etc. Toutefois ses mouvements subits ne manquaient jamais de correspondre à ceux des ouragans. — Autre singularité : le vent du nord élevait la température, en dépit des conjectures opposées et le vent du sud la faisait baisser. Le 13, ce vent du nord fit monter le thermomètre à+8° ; à minuit même il ne descendit pas au-dessous de—3°; la glace se rompit. A la neige qui tombait se mêlèrent quelques gouttes de pluie. Il n'y avait plus alors que trois heures de jour sur vingt-quatre; le 22, le thermomètre redescendit à—22°; le 23, à—26° ; le 26, à—27°; le 30, jour du plus grand froid de ce mois, le thermomètre descendit à 38° au-dessous de zéro.

L'extrait qui suit, vous donnera une idée de la variété des teintes qui nuancent parfois ces solitudes au milieu de leur monotone tristesse.

« Le 14 novembre, dit le capitaine Ross, la position du soleil et la transparence de l'air me permirent, du haut de la montagne sur laquelle notre télescope tâchait sans cesse de pénétrer le mystère de l'horizon, de distinguer au sud-ouest la terre lointaine mieux que nous l'avions pu jusques alors. Le coloris du tableau était admirable ; ce n'était pas seulement parce que les nuages et le ciel déployaient au sud ces riches teintes d'un soir d'été que l'on voit quelquefois dans notre pays, et ces nuances vives qui contrastent avec le pourpre sombre et calme de l'horizon du nord ; mais, outre la coloration de l'atmosphère et le reflet de la neige des montagnes qui rivalisaient avec l'éclat des nuages, les hauteurs, près du soleil, resplendissaient des couleurs de l'arc-en-ciel, à mesure qu'il les effleurait en son cours. De fait, dans ces régions, le soleil de midi est un soleil du soir ; il n'est donc pas étonnant que toute sa course diurne ne

présente autre chose que les effets d'un soleil couchant
dans nos latitudes. — J'eus lieu de croire, d'après la couleur
du ciel, ajoute le Capitaine, qu'il y avait quelque espace de
mer ouvert au nord et nous distinguâmes parfaitement un
espace libre d'un mille de diamètre à très-peu de distance
et quelques autres ouvertures, résultat du dernier ouragan. »

Ce mois offre un grand nombre d'aurores boréales, la
plupart au sud-est, quelques-unes d'un effet qui mérite
description.

« Le 24, dit le journal du Capitaine, il y eut une aurore
éclatante au sud-ouest, étendant ses rayons rouges jusqu'au-
dessus de nos têtes.

» Le 25, dans la soirée, parut une aurore encore plus
brillante, dont l'éclat s'accrut jusqu'à minuit et dura jusqu'au lendemain matin. Elle formait une arche brillante
dont les deux extrémités semblaient reposer sur deux montagnes. Leur couleur était celle de la pleine lune et ne nous
sembla pas moins lumineuse. Le ciel sombre et bleuâtre
qui formait l'arrière-plan était, sans aucun doute, la principale cause de cet effet brillant...

» La forme et la lumière de cet arc étaient exactement
ce que doit être pour les habitants de Saturne, le magnifique anneau qui lui sert de satellite, lorsqu'ils le voient traverser le ciel de Saturne. Cette arche s'altéra cependant à
la longue de manière à ne plus présenter de forme circulaire mais elle prit alors encore plus d'éclat. Sa lumière suffisait pour rendre invisible la constellation du taureau ; elle
continuait de faire jaillir des gerbes de rayons formant des
pointes anguleuses pareilles à celles des étoiles de diamant
et illuminant la terre. Deux brillantes nébuleuses parurent
ensuite sous l'arche, envoyant des rayons semblables et
contrastant encore davantage avec le ciel brun de l'horizon.
Vers une heure du matin l'arche se brisa en fragments et en

nébuleuses ; les jets de lumière devinrent plus fréquents et plus irréguliers, puis, disparurent subitement à quatre heures. »

Les calculs astronomiques dataient du 26 novembre la disparition du soleil pour cette latitude ; toutefois, le 30, élevé pour l'œil au-dessus de l'horizon par la *réfraction* de l'atmosphère, à une température de—38°, il fut encore une fois aperçu du haut des montagnes à midi, heure de son lever et de son coucher, perçant un instant ou deux les vapeurs ; les ptarmigans paraissaient l'avoir suivi vers le sud.

———

Décembre. — L'atmosphère parfaitement pure, par un froid de 33 à 37 degrés au-dessous de zéro, éleva, le 1er, l'extrémité supérieure du disque solaire au-dessus de l'horizon. On n'était plus qu'à trois semaines du jour le plus court. Le même effet de *réfraction* qui laissait aux voyageurs la vue du soleil après sa disparition astronomique, devait la leur rendre avant son retour réel ; ils n'étaient ainsi condamnés qu'à six semaines d'obscurité totale. Les nuages continuaient d'être nuancés d'un rouge foncé près du passage du soleil ; la fréquence des aurores boréales suppléait en outre, en partie, à l'absence du soleil.

Le 2, à minuit, aurore magnifique en forme d'arc, mais elle n'avait que 5 degrés de hauteur. Cette aurore était d'un jaune-pâle et lançait des rayons. Elle perdit peu à peu sa forme et disparut vers une heure. — Le 10, halo autour de la lune, qui envoie des rayons à une grande distance et présente la forme d'une croix. — Le 11, même phénomène. — Du 17 au 20, aurores boréales presque continues, s'étendant de l'est à l'ouest. — Le 20, le 21, le 22, l'horizon était si clair que l'on distinguait toute chose autour de soi ; les Anglais ont du haut d'une montagne une vue du sud-ouest

plus complète que jamais. « De ce côté, dit le capitaine
Ross, les teintes du ciel étaient des plus variées et des plus
splendides, plus aisées à peindre qu'à décrire, si toutefois
l'art y peut atteindre. » Les cimes des montagnes balayées
par le vent laissaient voir leurs rocs noirs et nus.

« Le 24, dit la relation, la pureté du ciel nous permit de
voir les étoiles de première grandeur, durant les heures les
moins obscures y compris l'heure de midi. Nous vîmes
aussi *Vénus* au sud, brillante d'une belle couleur d'or...
Le 30, nous eûmes une très-bonne clarté de dix heures à
trois heures et demie et, pendant ce temps-là, le thermomètre (descendu précédemment à—35°, à—38°) remonta
à—28° ».

Tous les animaux semblaient avoir abandonné ces parages; une hermine qui tombe affamée, près du vaisseau ;
deux ou trois lièvres aperçus sur la neige, les traces d'un
loup vainement suivies *du côté du nord* pendant près d'une
demi-lieue : tels sont les maigres incidents de ce mois. La
construction d'un observatoire sur une petite île non loin
du navire, l'érection de quelques piliers de reconnaissance
dans les promenades, et la pose de quelques drapeaux sur
les hauteurs, diverses petites excursions au sud, des réparations aux fortifications glacées du navire, avaient, avec
l'école, varié quelque peu les longues journées ou les longues nuits de l'équipage et surtout conservé la santé de
tous (hors un seul : l'armurier, qui avait espéré vainement
la rencontre d'un bâtiment baleinier pour retourner dans
son pays, et déclinait à vue d'œil). — Le jour de Noël avait
été célébré avec la rigidité protestante et la sensualité
anglaise : un reste du bœuf de Galloway, pièce sacramen-
telle du repas de Noël et le gâteau spécial de ce jour, les
minced pice, empruntés ainsi que les cerises à l'eau-de-vie,
aux dépôts du *Fury* avaient ajouté à la gaîté de la fête. Il

n'est que faire d'ajouter que la suppression du grog avait été suspendue ce jour-là.

« Je crois, écrit le capitaine Ross, que ce fut un jour heureux pour tout l'équipage ; et les jours heureux avaient pour nous une valeur morale que ne soupçonnent guère les gens à qui une existence de paix et de luxe uniforme ne fait pas goûter de ces plaisirs chèrement achetés ; les laissant hors d'état d'apercevoir leur effet sur l'esprit des hommes. Il est inutile de dire que nous déployâmes nos pavillons ; l'éclat souriant de Vénus nous parut en harmonie avec le joyeux repas de ce jour. »

Janvier 1830. — Le capitaine Ross écrit, sous la date du 1er de ce mois, le thermomètre marquant—23° : « Le ciel, à midi, déployait les belles teintes d'un soir d'été, mais d'un tout autre caractère que dans nos climats. Les hauteurs éloignées, à l'horizon, étaient presque d'un rouge écarlate avec un ciel d'un pourpre ardent au-dessus, plus foncé qu'aucun crépuscule analogue en Angleterre. » — Il dit encore, sous la date du 6 : « Le ciel étalait ses teintes rouges et pourpres. » — Sous la date du 7 : « Le ciel brillant, à dix heures du matin, présenta un aspect entièrement nouveau ; l'espace au-dessus de la lune à son couchant, était d'une riche couleur d'or, et la place du soleil resplendissait d'une teinte d'argent, ce qui est l'inverse de ce qui se voit d'habitude en d'autres climats. »

La glace avait alors quatre pieds et demi d'épaisseur. Le 5, les lièvres s'étaient montrés en assez grand nombre ; un seul avait été tué. La neige était revenue revêtir toute chose.

Voici enfin un événement qui efface tous ceux que nous venons d'enregistrer : un événement qui va dispenser nos

voyageurs de chercher des distractions dans les nuances du
ciel et dans la coloration de la terre et de la mer. Le 9, —
après tant de semaines de navigation et de séjour au milieu
des glaces, — des hommes furent pour la première fois aperçus de l'observatoire.

« Je me rendis du côté indiqué, dit le Capitaine, et je vis
bientôt quatre Esquimaux près d'une petite montagne de
glace, à peu de distance de la terre et environ un mille du
bâtiment. Ils se cachèrent aussitôt qu'il m'aperçurent. Mais
comme je continuais d'avancer, toute la troupe sortit de sa
retraite formant un corps de dix hommes de front sur trois
de profondeur. Un homme était détaché sur le côté, assis sur
un traîneau. J'envoyai mon compagnon chercher le commandant Ross et quelques hommes, avec ordre de se tenir
à quelque distance derrière moi. M'avançant alors seul
jusqu'à une cinquantaine de toises, je vis que chacun des
survenants était armé d'une javeline et d'un couteau, mais
je n'aperçus ni arc ni flèche. Sachant que le cri de ces
tribus est « *tima ! tima !* » Je les interpellai en leur propre
langue et ils répondirent tous ensemble par le même cri.
Mes hommes arrivèrent alors ; nous marchâmes encore une
vingtaine de toises, puis jetâmes nos fusils, en criant « *aja !*
tima ! » Ils jetèrent aussitôt leurs couteaux et leurs javelines
de tous les côtés, répétant « *aja !* » et étendant les bras pour
montrer qu'ils étaient sans armes. Comme ils ne bougeaient
pas, nous avançâmes et embrassâmes tous ceux qui étaient
sur la première ligne, frappant aussi leurs habits du haut
en bas et recevant d'eux les mêmes démonstrations d'amitié.
Ce dénoûment parut faire grand plaisir à tout le monde, à
en juger par les rires, les cris et les gestes qui l'accompagnèrent ; nous obtînmes sur-le-champ et sans hésitation
toute leur confiance. »

Une superbe gravure jointe au récit du capitaine Ross

présente à l'œil les derniers incidents de cette intéressante
scène ; les fusils sont jetés à terre ; les Anglais, à peine
reconnaissables sous leurs épais vêtements, lèvent les bras
en courant sur la neige ; le Capitaine qui les a devancés,
s'approche d'un cercle à peine distinct, de couleur jaunâtre.
D'énormes blocs de glace aux flancs bleuâtres, se dressent
çà et là ; les montagnes qui entourent la baie, se sont arron-
dies sous la neige des derniers jours. Un mât d'un vaisseau
s'aperçoit, à gauche, derrière les rochers ; le ciel, semé
d'étoiles, est d'un bistre rougeâtre dont la teinte sombre
tranche fortement, par le bas, avec la neige de la mer et de
la terre ; par le haut, avec les étoiles du zénith et est coupée,
de droite à gauche, par une ligne horizontale d'un pourpre
clair ou jaunâtre.

Les Anglais apprirent à leurs nouveaux amis qu'ils étaient
des Européens (des *Kablunes*) ; à quoi ceux-ci répondirent
qu'ils étaient des *Innuits*. Les *Innuits* avaient, à tous égards,
meilleure mine que les *Kablunes* ; leurs joues rebondies et
couvertes d'autant d'incarnat qu'il en pouvait paraître sous
une peau basanée, annonçaient assez que leurs vêtements
et leur table étaient mieux appropriés que ceux des Anglais
aux besoins de ce pays ; leurs bonnes figures présentaient
un ovale régulier ; leurs yeux étaient noirs et rapprochés ;
leur nez petit ; leurs cheveux étaient coupés assez court. Ils
étaient très-bien vêtus, principalement, en excellente peau
de renne. Leur habit bien doublé et entourant parfaitement
le corps, descendait par-devant, du menton au milieu de la
cuisse, et était pourvu d'un capuchon très-juste, relevé sur
la tête ; un long pan descendait par derrière, à mi-jambe.
Les manches, étroites et bien fermées, tombaient jusqu'au
bout des doigts. Des deux peaux de rennes ou d'ours, qui
formaient cet habit, celle du dedans avait le poil en dessous
et celle du dehors en dessus ; ils portaient une double paire

de bottes également en peaux de renne, le poil en dedans,
et par-dessus, un long pantalon de peau de renne ou de
veau marin, bien fermé sur le coude-pied. Vous imaginerez
facilement que, sous cette masse de peaux, ils paraissaient
tous très-gros. Ils portaient tous une petite javeline qui ressemblait à une canne, avec une pomme de bois ou d'ivoire
à un bout et une pointe en corne à l'autre. La tige était
composée de petits morceaux de bois ou d'os attachés et
maintenus avec soin les uns au bout des autres. « Les couteaux que nous vîmes d'abord, ajoute le Capitaine, n'étaient
que des lames d'os ou de corne de renne aiguisées, mais
nous découvrîmes bientôt que chacun d'eux avait, pendu
derrière lui, un couteau armé d'une pointe de fer et quelques-uns même des lames de fer tout entières. Nous vîmes
même, parmi eux, un couteau pliant, converti par eux en
poignard et qui gardait encore la marque du fabricant
anglais. »

Toutefois le Capitaine et le commandant Ross acquirent
la conviction qu'ils n'avaient jamais eu de relations directes
avec les Européens; il n'y avait pas à douter qu'ils n'en
eussent eu avec les tribus qui avaient directement trafiqué
avec les Anglais. Le commandant Ross qui avait accompagné Parry à la baie de Repulse (au fond de la mer
d'Hudson) leur fit entendre quelques mots qu'il en avait
rapportés; ils les reconnurent. Ils reconnurent aussi les
lieux dont il leur montra du doigt la direction, au sud-est.
Il comprit qu'ils étaient venus de ce côté; que leurs huttes
étaient à quelque distance vers le nord et qu'ils ne les avaient
quittées que dans la matinée, ayant aperçu le vaisseau (1).

---

(1) Les Anglais apprirent dans la suite ce qui avait amené les naturels en
cette saison sur cette cô e.

• Deux d'entre eux, écrit le commandant Ross, sous la date du 6 avril 1830,
avaient été pêcher au nord à l'endroit qu'ils nomment *Oue-ca i ti-ouike* et,

— Les fragments de cercles de fer que le Capitaine envoya
chercher pour eux leur firent beaucoup de plaisir mais sans
surprise ; ils offrirent en retour leurs javelines et leurs couteaux. Ni le vaisseau, ni la quantité de bois et de fer qu'ils
avaient sous les yeux ne leur arracha de cris d'étonnement
comme aux tribus découvertes par le capitaine Ross en 1818,
au nord de la baie de Baffin.

« Ils consentirent à nous accompagner à bord, dit le capitaine Ross, et nous arrivâmes bientôt à notre mur de neige.
Cet ouvrage ressemblait trop aux leurs pour les surprendre...
Trois d'entre eux furent ensuite introduits dans la cabine,
et là, ils donnèrent enfin des signes d'étonnement ; les
gravures représentant les Esquimaux précédemment visités
par les voyageurs européens, leur firent beaucoup de plaisir ;
ils les reconnurent à l'instant pour des portraits de leur
nation ; les miroirs furent cependant, comme à l'ordinaire,
le principal sujet de surprise, surtout quand ils se virent
dans la plus grande glace. La lampe et les chandeliers ne
les étonnèrent pas moins ; mais ils ne témoignaient guère le
désir de posséder quoi que ce soit : recevant seulement ce
qui leur était donné avec des signes non équivoques de
reconnaissance. Nos viandes conservées ne leur plurent pas ;
l'un deux qui en avait mangé un morceau et les disait
bonnes, finit par convenir qu'il n'avait pas dit vrai, et
demanda la permission de jeter ce qu'il avait pris. Le même

de là, avaient vu le vaisseau entouré par les glaces et poussé au sud : ce qui
pouvait avoir eu lieu vers la seconde moitié de septembre. Vivement alarmés,
ils étaient partis aussitôt pour rejoindre le corps principal de leur tribu à
Nei-iyel-le, et ils y restèrent jusqu'à l'arrivée d'une femme nommée *Ka-ke-
kag-iu*. Cette personne avait une sœur qui était parmi les Esquimaux que
nous avions trouvé à l'île *Winter* dans le premier voyage à cette île (voyage
de Parry, en 1821), — et fit un si séduisant récit de l'accueil que ces Esquimaux
avaient reçu de nous, en cette occasion, que ceux qui l'entendirent prirent à
l'unanimité la résolution d'aller nous chercher, en quelque endroit que le
hasard eût pu mener notre navire. »

homme but avec joie le pot d'huile qui lui fut offert, et la trouva réellement bonne ; ainsi les goûts de ces peuples sont admirablement adaptés à leur dégoûtante nourriture, et les idées qu'ils se font du bonheur, aux moyens qu'ils ont de les réaliser. Assurément ces hommes au milieu de leur sale régime et de leurs odeurs infectes, n'ont aucun motif pour porter envie aux tables délicates du sud qui ne leur inspireraient que dégoût et que pitié pour notre ignorance ». — Trois autres hommes furent ensuite introduits pendant que les premiers faisaient part à leurs amis de ce qu'ils avaient vu. Le charpentier les fit ensuite danser avec les Anglais au son du violon.

L'instant du départ venu, ils montrèrent de quel côté étaient leurs huttes, faisant entendre que leurs femmes, leurs enfants, leurs chiens et leurs traîneaux, y étaient et qu'ils avaient des vivres en abondance. Les Anglais les reconduisirent. « Toutes nos questions, dit le Capitaine, ne purent nous apprendre ce qu'il nous importait le plus de savoir, de quel côté se trouvait une mer libre : ils nous montrèrent seulement le nord. — A deux milles du bâtiment, nous traçâmes une ligne sur la neige pour indiquer l'endroit où nous nous retrouverions le lendemain, leur annonçant la visite que nous désirions leur faire, ce qui leur fit grand plaisir. Nous nous séparâmes ensuite avec les mêmes cérémonies qui avaient accompagné notre rencontre. »

Il est inutile de dire de quel prix était une telle journée et quelles espérances elle faisait concevoir. — Le lendemain, 10 janvier, par un froid de 38° au-dessous de zéro, les Anglais trouvèrent leurs nouveaux voisins au rendez-vous convenu. « Dès que nous approchâmes, dit le Capitaine, un d'entre eux qui paraissait un chef, s'avança à une cinquantaine de toises, les bras étendus, pour nous faire voir

qu'il était sans armes; nous jetâmes nos fusils et tous les
Esquimaux qui étaient en arrière jetèrent aussi leurs armes
et nous attendirent avec leurs cris ordinaires ; leur nombre
était alors augmenté d'une vingtaine d'enfants, et nous les
saluâmes, suivant la forme habituelle.

« Nous vîmes bientôt leur village, composé d'une douzaine
de huttes de neige, à l'extrémité d'une petite baie, à deux
milles et demi environ du vaisseau. Elles étaient de forme
ronde, et pressées les unes contre les autres sans symétrie ;
chacune d'elles était précédée d'un couloir voûté et obscur
à l'entrée duquel nous trouvâmes les femmes avec leurs
filles et leurs petits enfants. Nous fûmes aussitôt invités à
entrer et les présents de grains de verre et surtout d'aiguilles, que nous avions préparés pour les femmes, firent
bientôt disparaître la timidité qu'elles avaient montrée
d'abord. — Le couloir, long et tortueux, conduisait à la
chambre principale, à l'unique chambre qui était en dôme,
ayant dix pieds de diamètre en tous sens quand elle n'était
destinée qu'à une seule famille en formant un ovale de
quinze pieds sur dix, quand elle en devait contenir deux ;
en face de la porte, au fond, était un banc de neige, occu-
pant près du tiers de la largeur de la hutte et de deux pieds
et demi de hauteur. Le dessus de ce banc, bien nivelé, était
recouvert de différentes peaux : c'était le lit commun de
tous les habitants de la hutte. A un bout était assise, les
jambes pendantes, la maîtresse de la maison, en face d'un
vase de pierre où brûlait une mèche de mousse dans de
l'huile de poisson ; cette lampe produisait assez de flamme
pour fournir à la fois chaleur et lumière ; aussi la chambre
était-elle fort commode. Au-dessus de la lampe était un plat
de pierre, contenant de la chair de renne et de veau
marin dans de l'huile ; provisions dont ils ne paraissaient pas manquer. Habits, outils, morceaux de chair

gelés, tout gisait à terre, dans une singulière confusion.

» C'était du reste une chose intéressante pour nous, de voir qu'au milieu de ce désordre, il y avait du saumon frais; ce qui nous annonçait que par nous-mêmes ou par nos nouveaux amis, nous pourrions multiplier nos ressources. Ils nous apprirent qu'il s'en trouvait en d'autres saisons, une grande quantité... Ils nous offrirent, en retour de nos présents, tout ce qui pouvait nous être agréable ; nous acceptâmes quelques javelines, quelques arcs avec leurs flèches et divers échantillons pour notre collection d'histoire naturelle, — entre autre une sorte de boucle d'oreille composée d'une boule de fer attachée à un anneau, et supportant quelques dents de renard et une frange en *fil de nerfs ;* quelques aiguilles de plus, achevèrent de nous gagner leur amitié. »

J'ai oublié de vous dire que chaque hutte recevait le jour par un grand morceau de glace transparente, de forme ovale, enchâssé dans le mur de neige à moitié de sa hauteur, du côté du levant. Vers le milieu de chaque couloir, un embranchement aboutissait à un chenil. Ces huttes, toutes de la même forme, étaient construites de la veille ; la provision d'hiver en renne et en veau marin, était enterrée sous la neige dès l'été.

« Les femmes n'étaient pas des beautés, dit le Capitaine, mais elles n'étaient pas inférieures à leurs maris et ne se conduisaient pas moins bien. Il y en avait trois ou quatre dans chaque hutte. Faisaient-elles partie du même ménage, nous l'ignorions, mais il nous parut qu'il y avait de jeunes femmes dans la maison où il y en avait une âgée. » Leur taille était petite et leur parure moins soignée que celle des hommes ; leurs cheveux, au lieu d'être coupés, leur tombaient de chaque côté du visage en longues mèches ; leurs traits étaient doux et leurs joues d'un rouge vif. Une jeune fille de treize ans, entre autres, pouvait passer pour une très-jolie fille. Toutes portaient au-dessus des sourcils et tout autour de la bouche des lignes de tatouage, assez semblables aux barbes de chat et figurant peut-être les moustaches du veau marin. Les femmes portaient le même pantalon et le même habit que les hommes, à cela près que leur habit avait un pan par-devant comme par-derrière, bien qu'un peu plus court.

Ils connaissaient *Igloulik*, l'île *Winter* et la baie de *Repulse*. Il n'y avait que treize jours qu'ils avaient quitté *Akouli* qui est en face de cette baie ; leurs indications ne décidaient pourtant pas encore la question du passage au nord-ouest. Les Anglais reçurent en outre de leurs hôtes quelques indications sur les bœufs musqués du sud, et le chemin que prennent les rennes en avril. L'un des naturels qui avait perdu une jambe dans un combat avec un ours, étant invité à venir consulter le chirurgien à bord, sept de ses compagnons suivirent, avec lui, les Anglais à bord ; deux d'entre eux dînèrent avec les officiers.

« La vue des couteaux de table, des fourchettes et des plats fut pour eux une source d'étonnement ; la soupe parut leur plaire. Ils apprirent sur-le-champ à se servir d'une cuillère sans trop de gaucherie ; après quelques minutes d'observation, ils se servirent également du couteau et de la fourchette, comme s'ils n'eussent jamais fait autre chose ; ils parurent alors manger avec plaisir la viande conservée et le saumon, mais ils ne purent supporter la viande salée et le pudding, ni le riz et le fromage. »

Le capitaine Ross ajoute :

« Avant le dîner, dans le chemin, un coup de vent partit tout à coup d'une vallée ; l'un de mes compagnons de route, me disant que j'avais la joue gelée, fit sur-le-champ une boule de neige et m'en frotta la joue ; après cela il resta constamment près de moi, me recommandant souvent de me couvrir la joue de la main pour empêcher le retour du même accident. C'est un exemple entre mille, de leur prévenance à notre égard ; ils nous aidaient à porter ce dont nous pouvions être chargés, comme s'ils n'eussent pu trop faire pour nous obliger. »

Le lendemain le chirurgien examine la plaie de l'invalide (*Tulluahiu*), trouve le moignon en bon état et le genou convenablement courbé et commande une jambe de bois au charpentier. La carte est déployée devant Tulluahiu joyeux : il y reconnaît les positions qu'il vient de quitter et celle où il est ; il trace avec un crayon la route qu'il a suivie, comptant neuf sommeils dans le voyage ; dessine une ligne de côtes à l'ouest, navigable à l'automne, désignant les caps, baies, rivières, îles, lacs ; marquant la route que suivent les saumons, l'été, en remontant les rivières. — « Un de ses camarades prit alors le crayon et traça les contours de plusieurs grands lacs ; indiquant une route *par terre* du bâtiment à la mer à l'ouest, en neuf journées, et annonçant du reste aux Anglais la prochaine visite d'un géographe plus habile.

» Ceux d'entre nous qui prenaient du tabac, ajoute le Capitaine, attirèrent particulièrement l'attention des visiteurs ; mais rien ne fit tant d'effet sur eux, qu'un grand verre bombé qui, tenu entre deux personnes, montrait à chacun la face de son vis-à-vis grossie d'une manière qui lui semblait incompréhensible... Nous donnâmes à chacun d'eux une des caisses d'étain, dans lesquelles s'étaient si bien conservées nos viandes, et ils nous quittèrent au comble de la joie. »

Le 12, arriva le géographe annoncé, *Ikmalik*, apportant pour nouvelle la prise d'un bon nombre de veaux marins. La carte déployée, toutes les positions observées par les

Européens dans le voisinage de la baie de *Repulse* ou bien
du détroit du *Prince-Régent*, furent reconnues successive-
ment. « Ikmalik, prenant le crayon, compléta l'esquisse,
en suivant à peu de chose près la ligne tracée par son camarade; puis il la prolongea vers l'ouest, l'inclinant ensuite vers
le nord-ouest; faisant en outre entendre que tous ces parages
seraient fermés au bâtiment jusqu'à l'automne. » — Les
portraits, joints au récit des expéditions précédentes lui
parurent des portraits de famille. « Ikmalik, ajoute le Capitaine, était un homme vigoureux de cinq pieds dix pouces
(mesure anglaise), le phénix de la tribu.

Le 13, seconde visite des Anglais aux huttes de neige;
les femmes avaient cette fois beaucoup perdu de leur timidité. « Nous entrâmes dans la hutte de *Tulluahiu*, dit le
capitaine Ross, et nous y fûmes cordialement reçus par sa
mère, sa femme et sa fille qui, avec deux jeunes enfants,
paraissaient composer toute la famille. On avait préparé un
costume complet de femme pour m'en faire présent, mais il
était facile de voir qu'on avait mis des soins particuliers à
ce que les peaux fussent assorties entre elles et que les couleurs se correspondissent; le bas était orné d'une frange; il
y avait une bordure blanche autour du capuchon et des
ouvertures pour les bras. J'offris en retour à cette généreuse
dame, un mouchoir de soie qui, entre tout ce que je lui
avais montré, avait le plus attiré son attention. — Je découvris bientôt que, toute femme qu'elle était, elle ne manquait
pas de connaissances géographiques et de connaissances tout
autres que celles qu'elle eût acquises dans un pensionnat
anglais, à l'aide d'un traité par demandes et par réponses.
Tiriksiu, c'était son nom, comprit parfaitement la carte que
nous lui montrâmes, et quand je lui eus mis le crayon en
main, elle en traça une à sa manière qui ressemblait beaucoup à celle d'Ikmalik, mais avec un plus grand nombre

d'îles : indiquant les endroits où nous aurions à nous arrêter chaque soir et ceux où nous pourrions nous procurer des vivres. — Les chasseurs revinrent bientôt après, rapportant un grand veau marin... »

Le 14 janvier, le thermomètre qui, les jours précédents, variait entre 37° et 35° au-dessous de zéro, descendit à—38°; ce qui n'empêcha pas l'invalide de venir chercher sa jambe de bois avec son ami *Otoukiu*, le *devin* de la tribu, qui amenait sa femme, plus une autre vieille femme et quatre jeunes gens. La jambe de bois avait encore besoin de quelques corrections. La carte reçut quelques additions de détail; quant au passage au sud-ouest, le Capitaine comprit que s'il existait, il devait être fort étroit. Quelques circonstances convainquirent les voyageurs que leurs hôtes n'avaient jamais été sur la côte orientale. La vieille consentit à se laisser couper et arranger les cheveux, ce qui la rajeunit sensiblement et fit sentir à tous le besoin de peignes, besoin que par malheur les Anglais n'avaient pas prévu.

Le 15, le mercure le plus pur gela, ce qui indiqua un froid de—39°; le thermomètre tomba même à—40°.

« Ce jour-là, la jambe de bois, portant en grosses lettres le nom du *Victory*, fut attachée au genou de *Tulluahiu*, qui en sentit bientôt tout le prix, en se promenant dans la cabine avec un air d'extase. En reconnaissance, Otoukiu, le devin, le médecin, le sorcier de la tribu, voulait montrer l'effet de ses remèdes magiques sur le pauvre armurier qui était devenu un véritable squelette. »

Deux jours après, l'homme à la jambe de bois revint avec une nombreuse compagnie et une troupe d'enfants de cinq à treize ans; le nouveau pied adapté à la jambe réussit à merveille. Tulluahiu triomphant voulait s'en retourner sur l'heure pour en faire l'essai. « La grandeur de ce bienfait, dit le capitaine Ross, parut l'accabler, lui et ses amis : ils étaient évidemment convaincus que nous appartenions à une race plus ingénieuse, bien que nous ne sussions pas comme eux, percer d'un coup de javeline le veau marin qui met la tête hors d'un trou de glace, ni manger sa chair avec de l huile rance.

« *Tel est l'avantage des arts utiles.* Il est souvent arrivé que les navigateurs ne pouvaient venir à bout d'obtenir des nations sauvages la supériorité d'estime à laquelle ils s'attendaient en leur fournissant des objets de luxe ; et, lorsque, découvrant leur erreur, ils ont tâché de mieux faire, ils ont oublié maintes fois que de nouveaux besoins ne peuvent naître en un instant, que les anciennes habitudes ne peuvent être rompues en un jour, au moyen d'une bouteille de bière, ou d'un beefsteak ou d'un pantalon incommode... Une politique plus sage commencerait par mesurer les esprits auxquels elle aurait affaire, et y adapterait ensuite ses tentatives d'amélioration et de bienfaisance.

» Je suis sûr que cette jambe de bois nous éleva plus haut dans l'estime de ces bonnes gens que toutes les merveilles que nous leur avions montrées et que les talents de toute espèce, qui, particuliers à l'Europe, ne peuvent être appréciés par ceux qui n'en connaissent ni le point de départ ni le but. — Toutefois les merveilles que nous avions prudemment tenues en réserve ne manquèrent pas leur effet. Les allumettes qui donnent du feu par le simple frottement (allumettes phosphoriques), celles qu'il suffit de tremper dans un liquide (allumettes hydrochloriques) firent, parmi nos visiteurs une forte sensation. L'intérieur d'une montre leur sembla plus qu'incompréhensible. »

Le lendemain, les effets de l'aimant eurent leur tour ; « la vue de l'eau-de-vie allumée, d'où nous retirions des grains de raisin à flamme bleue, pour les mettre dans notre bouche, produisit une grande surprise, spécialement sur le

5

aevin, qui nous régala, en retour, de quelques-uns de ses chants magiques. Enfin nous leur montrâmes l'usage du pistolet, car il fallait bien que tôt ou tard ils connussent la supériorité de nos armes. »

Leur curiosité attentive avait devancé cette sérieuse communication. Des perdrix blanches qu'ils avaient trouvées à bord, examinées de près, leur avaient permis d'apercevoir le plomb qui les avaient fait tomber ; il ne leur restait plus qu'à apprendre comment ce plomb avait pu être lancé.

Le 25, une femme vint à bord avec son enfant attaché sur le dos. Le mari, étranger venu du sud, avait des noms différents pour le cuivre rouge et le cuivre jaune, au lieu que les autres donnaient à tous les métaux le même nom qu'au fer. Ce jour-là une paire de mouchettes disparut ; on s'aperçut bientôt aussi de l'absence d'une grande loupe. Le devin était soupçonné du délit.

Une liaison intime entre une enflure qui lui survint et l'enlèvement du verre magique, lui parut tout simple : il rapporta la loupe. Les mouchettes furent aussi rendues.

« Sa terreur fut si grande, dit le Capitaine, qu'il rapporta même ce qui lui avait été donné en échange de son arc, un hameçon et une pointe de fer. Le bâtiment resta fermé, un jour durant, à l'empressement des visiteurs. Le devin n'ayant pas eu de succès à la chasse au veau marin, attribua aussi ce malheur au verre magique. Quelques jours après, restitution générale, spontanée de plusieurs morceaux de fer, d'un couteau de table, d'une roue de poulie, due aux coups de fusils tirés par les officiers anglais occupés à mesurer la vitesse du son dans une atmosphère aussi froide. Un des visiteurs avait demandé ce que disaient les fusils, — « les noms de ceux qui ont enlevé quelque chose », lu répondit-on. Une assemblée avait été tenue et après une courte délibération, une restitution solennelle avait été résolue.

Les échanges se continuaient, du reste, sur un pied dont les Anglais n'avaient qu'à se féliciter. Les gants de peaux de lièvre ou de renard, les bottes de renne, les habits de peau d'ours, les pantalons de peau d'ours, de renne ou de veau marin; enfin la chair et l'huile de veau marin avec lesquels les hôtes étaient régalés, à leur manière, à bord, seule monnaie du pays monnaie bien précieuse à nos voyageurs, — avaient leur valeur fixée par un tarif uniforme également bien reçu des deux parties. Un habit complet se troquait contre un couteau, une peau de veau marin contre un morceau de cercle de fer, etc. Le meilleur chien du pays, réputé chien à tenir un bœuf musqué ou même un ours en arrêt, sans pareil pour la découverte des trous de veaux marins ou le tirage des traînaux, était cédé pour un couteau et quelques morceaux de féraille

Achevons le compte de ce mois de janvier, le plus froid de l'année, en ces climats. Vous avez vu le thermomètre descendu, dès le 15, à—40°; le 17, il était à—41°, ce qui n'empêchait pas l'un des vieillards les plus âgés de la tribu, de faire la route des huttes au *Victory*. — Le 20, le soleil avait reparu à la grande joie des voyageurs, après une absence de cinquante jours, montrant environ moitié de son diamètre au-dessus de l'horizon. « Ce qui nous causait tant de plaisir, écrit ici le capitaine Ross, ne produisait pas le même effet sur les Esquimaux, pour qui la nuit de ces contrées est le jour, favorisant bien mieux leur chasse au veau marin. Retenus chez eux, dans une inaction forcée, dès que le jour paraît, les chasseurs se plaignent de la lumière comme d'une ennemie qui avertit leur proie de se tenir sur ses gardes. » Une perdrix blanche fut tuée ce jour-là.

Ce même jour, mourut l'armurier, qu'une fatale combinaison de circonstances avait engagé, dans ce voyage, sans
lui laisser de porte pour en sortir. La désertion du *John*,
avait fait sa perte.

Le 21, le soleil était réellement brillant à midi. La nature,
réveillée et invitant à l'espoir, contrastait d'une manière
bizarre avec le triste travail des marins, occupés à creuser,
à coups redoublés, dans la terre, la dernière demeure de
leur camarade. — Le 26, la température était encore à 37°
au-dessous de zéro. — Le 28, le soleil commençait à avoir
quelque force. — Le 29, entre autres événements à noter,
un renard blanc, affamé, fut pris à la trappe, et le malheureux corbeau solitaire, qui avait été le compagnon des
Anglais tout l'hiver, fut atteint d'un coup de fusil, pour
s'être trop fié à ses hôtes barbares.

Le 6 février, les Anglais trouvèrent à la glace six pieds
d'épaisseur. — Le 5, par une température de 41° au-dessous de zéro, une femme qui vint au vaisseau avec les visiteurs, ayant retiré son nourrisson de son sac, l'exposa à l'air,
presque nu, pour lui donner le sein.

Le mois de janvier, attristé vers la fin par la mort de
l'armurier, avait paru bien court à nos voyageurs et à leurs
hôtes. Toutefois les nouveautés attrayantes de la Maison-
de-Bois, n'avaient pas fait négliger aux visiteurs les devoirs
impérieux que leur imposent des besoins incessamment
rappelés. Dix-huit veaux marins en une seule semaine,
formaient une capture assez belle pour effacer les deux mois
de chasse des étrangers.

Peut-être êtes-vous curieux de savoir si les Anglais
pénétrèrent plus avant dans la connaissance des convictions
et des habitudes de leurs nouveaux amis? Le capitaine
Ross, dans le second volume de son voyage a rassemblé,
sous le nom d'*Esquisse des Boothiens* (*Sketch of Boothians*),

les différents traits de leur caractère qu'il avait eu successi-
vement l'occasion de recueillir; à cette esquisse est jointe
une galerie de portraits coloriés représentant les principaux
individus, hommes et femmes, avec lesquels il s'est trouvé
en relation. Sans avoir la ressource d'animer mon récit par
des portraits, je vous ferai certainement plaisir en vous donnant, sinon toutes les particularités, au moins un aperçu de
ces notices.

HABITANTS DE LA BOOTHIA-FELIX.

Une première singularité, pensez-vous, c'est que ce coin
de terre ait des habitants. Une autre singularité, c'est que
ces habitants n'étendent pas le cercle de leur domaine,
comme si ce domaine était une île, alors même que les
glaces jettent de toutes parts, autour d'eux, des ponts
immenses sur la mer, les lacs et les fleuves; c'est qu'ils ne
cherchent pas, comme tant d'autres hommes nés sous des
latitudes plus douces, un autre ciel, une autre terre, d'autres
hommes; non que cette tentative ait été pour eux infructueuse, mais tout simplement parce que rien ne les porte à
l'essayer, que rien ne les repousse au dedans, que rien ne
les attire au dehors, qu'en un mot, ils se trouvent au mieux
où ils sont : sans relations avec les Européens; sans relations avec les Indiens de l'Amérique du nord; inférieurs
aux Européens en Europe, inférieurs aux Canadiens dans
le Canada, mais supérieurs à tous sur leur sol natal.

La nature est ici une mère sévère, ce n'est pas seulement
dans la *Boothia-Felix* qu'elle parle de prudence et de
patience : mais, dans la Boothia-Felix, elle n'entend pas
raillerie et ne pardonne rien. Elle fait à son fils une rude

guerre ; elle lui dispute à chaque heure, non pas les aises de la vie, mais la vie même ; elle l'attaque par la faim, par le froid ; elle défend expressément à la terre de lui rien donner ; elle va jusqu'à lui retrancher l'eau même. Y songez-vous ? pas un brin d'herbe, pas de bois, pas de fer surtout, ou bien si elle en laisse parfois quelques fragments lavés sur le rivage, pas de combustible pour le chauffer, pas de marteau pour le battre ; elle ne permet d'apprivoiser que les animaux qui vivent de chair, avec quoi le Boothien nourrirait-il le renne qui tire les traîneaux des Lapons ? — Eh bien ! la nature a beau faire, l'homme s'en tire à son honneur, et trouve encore à la remercier. Aussi bien vêtu que l'ours, sous sa lourde fourrure, aussi bien abrité que le renard dans sa tanière, chargé d'autant d'embonpoint que le veau marin, aussi libre de ses pas que le lièvre ou le renne, l'homme se fait ses aises des obstacles même que la nature met sous ses pas et transforme habilement ses attaques en bienfaits. Ce sont la glace et la neige qui lui donnent les pierres taillées qu'il faut à ses maisons ; ce sont ses ennemis, les ours et les renards, qui lui fournissent la nourriture et le vêtement, le chauffage et l'éclairage. Si la nature gèle, pendant ses dix mois de colère, les saumons qu'elle lui a permis de pêcher dans ses deux mois d'indulgence, peu lui importe, ou plutôt il s'en félicite, il n'a pas de peine à se donner pour les conserver ; bien plus ces saumons gelés, liés ensemble, côte à côte et bout à bout, lui tiennent lieu du bois ou du fer qui lui manquent et sont pour lui les matériaux de ses carrosses.

A la menace d'un jeûne mortel, il répond par d'énormes provisions de terre, de mer et de rivière ; il se crée des galas somptueux à l'endroit même où il semblait condamné à mourir de faim ; son intempérance est la première chose qui surprenne l'étranger qui l'aborde.

Le tableau que fait le capitaine Ross de la voracité boo-
thienne n'est rien moins que flatté. « Nous nous rendîmes
à l'une des huttes, écrit-il sous la date du 4 juin 1830, et
nous y trouvâmes deux familles composées chacune d'un
homme et d'une femme, assis sur leurs lits, avec une auge
de poisson bouilli et d'huile entre eux ; ils étaient en train
de manger au-dessus, comme des pourceaux, le visage et
les mains barbouillés de ce composé puant. »

« Notre dîner et celui de nos hôtes marchèrent de front
(dit ailleurs le Capitaine, lors de l'une de ses excursions à
terre), mais non dans la même proportion. Car un saumon
et demi suffit pour nous cinq et chacun de nos douze hôtes
en dévora deux ; d'après cette prodigieuse consommation, il
n'est pas étonnant qu'ils passent tout leur temps à se procurer des vivres ; chacun d'eux avait mangé environ *quatorze
livres* de saumon cru et ce n'était probablement qu'un goûter
ou une collation pour faire honneur à notre société.

» Leurs usages de table nous parurent assez plaisants : la
tête et la grande arête étant retirées de deux saumons, ils
furent présentés à Ikmalik et à Tulluahiu, comme étant les
plus âgés. Ceux-ci les divisèrent en deux longues tranches
égales : divisant ensuite chacune de celles-ci en deux autres
tranches, toujours de la longueur du poisson, chaque tranche
fut ensuite arrondie dans la main en boudin de deux pouces
de diamètre ; après quoi, s'en mettant un bout dans la
bouche et l'enfonçant aussi avant que possible, ils le coupèrent à la hauteur du nez, passant le reste à leur voisin. La
même cérémonie se renouvela jusqu'à ce que le magasin de
poisson fut épuisé. L'un d'eux mangeant ce qui restait sur
nos assiettes, mit la langue sur une goutte de jus de citron
qui lui fit faire les plus étranges grimaces, au grand amuse-
ment de ses camarades. »

Le 30 avril 1830, ce commandant Ross, étant dans l'une

de ses expéditions, fut témoin d'un repas encore plus surprenant. « Pendant toute la journée, dit-il, mes deux guides s'occupèrent à couper la chair du quartier de devant du bœuf musqué (1), la taillant en longs lardons étroits qu'ils se plongeaient comme d'habitude dans la bouche, aussi avant que possible, et qu'ils coupaient ensuite au niveau de leur nez, avec leur couteau pointu : avalant cette bouchée comme ferait un chien affamé, puis se passant de l'un à l'autre la tranche, accourcie de la sorte. Ils parvinrent ainsi à dévorer toute la chair du cou, du dos, des côtes, de tout un côté du bœuf ; s'arrêtant toutefois de temps à autre pour se plaindre de ne pouvoir manger davantage et se renversant sur leur lit de neige ; — mais toujours leur couteau dans une main et, dans l'autre, la tranche de viande qu'ils n'avaient pu finir. Ils recommençaient avec autant de force que d'abord aussitôt qu'ils se sentaient capables d'avaler un autre morceau... Passant la main sur l'estomac de mon guide, Pou-Yet-Tah, je fus singulièrement étonné de la distension qu'il avait subi, et sans une telle expérience je n'aurais pas cru qu'il fût possible à une créature humaine de la supporter. Si nous n'eussions pas connu leurs habitudes, nous aurions pensé que la mort allait être la conséquence d'un tel excès. »

Entre les mets dont les habitants de la Boothia-Felix font usage, il en est qui sont trop caractéristiques pour la crainte de blesser les susceptibilités de notre goût puisse m'em-

---

(1) Bœuf musqué abattu d'un coup de fusil par le Commandant, à la grande surprise de ses compagnons de route. « Elle est cassée ! » s'écrièrent-ils avec terreur, en suivant la trace de la balle jusqu'à l'os de l'épaule · rien ne leur donne une plus haute idée de la puissance européenne, que cette épaule de bœuf musqué, cassée à vingt pas de distance. « Je n'oublierai jamais, dit le *Commandant*, le regard, le geste et le ton de voix avec lequel mon guide s'écria « elle est cassée » — vous verrez tout à l'heure ce qu'il y avait de personnel ou plutôt de *filial* dans cet effroi.

pêcher d'en faire mention. « Les matières trouvées dans
l'estomac du renne, sont regardées, parmi eux, dit le commandant Ross, comme un régal délicat ; et si repoussant
que nous paraisse un plat d'herbes cuit à cette cuisine, on
ne peut contester qu'il ne fasse une utile et salutaire diversion à leur grossier régime animal, vu l'impossibilité presque
absolue où ils sont de se procurer, par eux-mêmes, quelques
comestibles végétaux. » Le commandant Ross eut l'occasion
de remarquer qu'ils ne font aucun cas de la panse du bœuf
musqué.

En revanche, il fait observer dans ses notes d'histoire
naturelle que, fraîche, la bouse de bœuf musqué, aussi bien
que celle de renne, est regardée par les Boothiens comme
une friandise.

La première impression de dégoût passée, la réflexion
fait voir qu'il n'y a pas à tout cela tant à redire qu'il semble
au premier abord. — Il n'est pas possible, en outre, d'exiger
une irréprochable propreté, de gens à qui l'huile de poisson
fournit boisson, combustible et lumière. Dans une hutte,
presque totalement close, où rien ne sèche qu'au feu d'une
lampe infecte, les effets ordinaires de la fumée et de la suie
sont inévitables. Mais de toutes les excuses, la meilleure
ici, c'est le manque d'eau. Il faut une grande dépense
d'huile pour rendre la neige buvable, et la quantité d'eau
que les Boothiens boivent, est énorme. Ils souffriraient horri-
blement de la soif s'ils ménageaient moins leur unique combustible ; faut-il s'étonner après cela qu'ils ne se lavent
pas de l'hiver ou que les deux mois où l'eau ne leur coûte
rien, ne changent pas entièrement des habitudes suivies
pendant les dix mois de glace. Le capitaine Ross fait observer que la malpropreté ne tient pas chez eux à la mauvaise
volonté ; qu'ils se lavent le visage avec une serviette de
peau d'ours, et qu'ils aimaient beaucoup à venir faire leur

toilette à bord, à faire usage du savon, à se couper les cheveux, la barbe, les ongles.

Il n'est pas jusqu'à leur étrange voracité qui ne paraisse provenir d'un motif spécieux : d'une surabondance d'activité. « C'est un peuple énergique et actif, dit le capitaine Ross ; ils ne peuvent rester à ne rien faire ; même dans leurs étroites chambrées de neige, ils semblent toujours occupés à quelque chose ; malgré leurs excès de table, jamais on ne les voit nonchalants, même après qu'ils sont si largement repus ; *le plus souvent, ils mangent uniquement pour faire quelque chose.* » — Ce qu'il y a de sûr, c'est que les Anglais en eussent fait tout autant, s'ils n'eussent eu, par devers eux, la prudence du Munitionnaire et la fermeté du Capitaine. Ce n'est pas la rigueur du climat, c'est l'inaction qu'elle entraîne qui concentre tout le mouvement vers les appareils de la mastication, de la déglutition et de la digestion.

Se nourrir est là toute la vie : là et quelque autre part encore penserez-vous. Se nourrir! c'est là le pivot de toutes les pensées et de toutes les démarches dans la Boothia-Felix. C'est là l'unique affaire ; tout le reste lui est subordonné : chercher le gibier, le trouver, le tuer, le transporter, l'emmagasiner, l'assaisonner, le manger.

Les questions des visiteurs sur les Esquimaux du sud dont on leur montre les portraits à bord, roulent toutes sur leurs moyens de se procurer les vivres, sur leurs procédés de chasse au renne, sur les chants et danses dont ils s'aident, les mots magiques qu'ils y emploient.

Ils regardent les instruments de cuivre braqués par le Capitaine vers les astres, comme des consultations sur les veaux marins, sur le lieu et l'heure à choisir pour les trouver. « Découvrirons-nous des bœufs musqués par ces inexplicables machines de cuivre? » disaient au comman-

dant Ross, ses deux guides à estomac extensible. — L'expédition dans laquelle le Commandant les emmenait vers
l'ouest, ne leur semblait avoir pour but qu'un bon dîner. —
Et, de fait, ils se demandent tous encore pourquoi les Anglais
sont venus.

Rien de plus régulier que leurs migrations ; pas de rendez-vous plus ponctuels que ceux qui les appellent sur les
hauteurs granitiques que le bœuf musqué affectionne ; dans
les défilés par où le renne gagne les plaines du sud ou du
nord ; à chaque espèce de chasse sa saison ; point d'autre
calendrier que les traces des quadrupèdes, ou le vol des
oiseaux ; lors de la fonte des glaces, les veaux marins sont
quittés pour les saumons qui, vers ce temps, remontent en
foule les rivières. Le système des dépôts d'huile pour les
besoins futurs, est, au dire du capitaine Ross, aussi parfait
que possible. Dans leurs voyages, les vivres sont préparés
d'avance à chaque étape. De la sorte, les plus lointaines
migrations des Boothiens se peuvent entreprendre à coup
sûr.

C'est en juillet, août, septembre que le renne et le saumon
font une agréable diversion à leur cuisine d'hiver. En avril,
c'est le tour du bœuf musqué, mais c'est sur le veau marin
(phoca fœtida) que repose leurs espérances pour la saison
des froids. C'est quand les animaux voyageurs sont partis
pour le sud, que les chiens sont lancés à travers les glaces
raboteuses à la recherche des trous où le veau marin vient
respirer à la surface de l'eau. Un trou de glace découvert,
une petite enceinte de neige est dressée à l'entour pour
abriter le chasseur qui attend sa proie pendant plusieurs
heures, — et perce le veau marin, dès qu'il paraît, d'un
coup de sa petite javeline barbelée, avec laquelle il tire à
lui sa capture.

Dans les deux premiers mois de relation avec les Anglais,

trente chasseurs prirent ainsi *cent cinquante* veaux marins,
au voisinage du bâtiment. Quant à l'abondance des provisions de saumon, un exemple vous en pourra donner idée.

« Le 2 juillet 1831, dit le capitaine Ross, j'allai voir avec
Ikmalik une des fosses dans lesquelles ils conservent 1 ur
poisson gelé et, pensant qu'elle ne devait pas contenir moins
de quarante saumons, je lui en offris un couteau qu'il
accepta tout de suite. Il avait toujours été content de ses
marchés et les autres le prenaient pour modèle; de sorte
que deux autres hommes m'offrirent chacun une fosse de
saumons pour le même prix. Si j'avais su ce que contenaient
ces trois dépôts, je n'aurais pas osé en donner un tel prix;
car je trouvai *deux cent vingt* poissons, pesant, l'un dans
l'autre, cinq livres : j'avais ainsi le poids d'une tonne de
saumon pour un déboursé de sept shillings et six pences »
(environ neuf francs).

De la fin d'avril à la fin de septembre, le renne fournit
aux Boothiens le lit et l'habit (la peau de bœuf musqué, trop
dure pour les vêtements est reservée pour le lit). La corne
de renne amollie dans l'eau, prend toutes les formes sous le
couteau, à défaut des défenses de narval ou du bois flotté,
qui sont pour eux des objets rares, acquis seulement par
voie d'échange, dans le sud ; ils font de cette corne des arcs
et des flèches ; les nerfs du renne leur donnent leur meilleur fil.

Les canots, sur lesquels ils s'embarquent pour lancer
contre le renne leur flèches de corne de renne, ressemblent
à ceux des autres Esquimaux. Au retour des gelées, les
peaux des canots servent à la construction des traîneaux.
Un certain nombre de saumons gelés empaquetés dans ces
peaux sur une longueur de sept pieds et assujétis par des
cordes en peau, forment les brancards; des barres transver-
sales, os de renne ou de bœuf musqué, composent le fond

du traîneau. Un mélange de terre mousseuse et d'eau, gelée aussitôt, en remplit les intervalles. Il reste à polir le dessous des brancards : « Pour cela, dit le capitaine Ross, le *charron* prend un peu d'eau dans sa bouche, la mêle à sa salive et la dépose sur une peau d'ours, puis en frotte les brancards jusqu'à ce qu'il se soit formé une couche de glace d'un pouce et demi d'épaisseur, plus tenace et plus polie qu'aucune autre. »

Ces traîneaux avaient une supériorité marquée sur les traîneaux des Anglais alourdis par le fer ; mais ils ne peuvent survivre à la gelée. Qu'arrive-t-il ? — Dès que le thermomètre remonte au-dessus de glace, ils sont mis en pièce ; le saumon est mangé ; les peaux sont converties en sacs ; les os sont gardés pour les chiens, ou bien servent, l'été, d'arc-boutant au toit de peau des tentes, au-dessus du petit mur circulaire, en pierre, qui en forme l'enceinte et la base.

Quant aux huttes d'hiver, vous les connaissez. Voulez-vous assister à leur édification, voir les architectes de la *Boothia-Felix* à l'œuvre ? vous conviendrez qu'il n'en est nulle part de plus expéditif ; je laisserai parler le Capitaine :

« Le 31 mars 1830, dans la soirée, quatre familles composées de quinze personnes passèrent près du navire, allant construire leurs huttes à un demi-mille au sud ; ils avaient quatre traîneaux pesamment chargés, traînés, chacun, par deux ou trois chiens, mais n'allaient que très-lentement. Nous les suivîmes pour voir comment ils bâtissaient leurs maisons de neige et fûmes surpris de leur habileté et de leur promptitude. Une hutte était enceinte de son mur et coiffée de son toit en *quarante-cinq minutes*. On pourrait à peine dresser une tente en aussi peu de temps qu'il en faut ici pour bâtir une maison.

» Leur procédé vaut peut-être la peine d'être rapporté.

Ils s'assurèrent d'abord avec leur petite canne que la neige était assez profonde et assez solide, puis ils nivelèrent la place avec une petite pelle de bois, laissant seulement une masse solide de neige d'environ trois pieds d'épaisseur. Commençant alors par le centre du cercle qu'ils se proposaient d'enceindre et qui avait dix pieds environ de diamètre, ils y coupèrent des blocs de neige en forme de coin de deux pieds de long et d'un pied d'épaisseur en dehors; puis, les retaillant avec le couteau, ils les placèrent, l'inclinaison en dedans, les uns sur les autres, jusqu'à ce que les assises circulaires, penchant toutes les unes vers les autres, se rejoignissent au sommet; l'ouverture ou la porte de la hutte étant coupée de l'intérieur, fournit les matériaux de la partie supérieure. Pendant ce temps-là, les femmes s'occupaient à boucher les joints avec de la neige et les enfants construisaient la niche pour les chiens. Le morceau de glace qui sert de vitre fut ensuite enchâssé dans la muraille : les peaux étendues sur le sofa de neige, la maison se trouva bâtie et meublée; restaient pourtant le couloir qui se fit après et quelques petites huttes pour les provisions.

» Quelques-uns des enfants imitaient leurs parents et construisaient des dômes de neige en miniature. — Un d'entre eux qu'un chien avait mordu s'en revint avec nous consulter notre chirurgien, et nous fournîmes de l'eau à leurs familles pour leur éviter la peine de faire fondre de la neige. »

La dépense d'huile qu'il leur faut pour se procurer l'eau nécessaire au coulage (sur une peau à bords relevés) de la plaque de glace transparente par laquelle leur chambre reçoit le jour, — est telle qu'ils transportent cette fenêtre avec eux dans leurs voyages d'hiver.

Vous avez vu par l'extrait précédent que l'architecture, comme le reste, se transmet, dans la *Boothia-Felix* sans école : l'exemple des parents y suffit ; l'enfant, initié dès le premier jour, aux rigoureuses conditions qui sont mises à la satisfaction de ses besoins et de ceux des autres, apprend de son père et de sa mère à se jouer des obstacles et à les vaincre en chantant. Sa ligne de conduite est des plus simples ; il sait le but et le chemin ; il y marche autant que ses petites jambes le lui permettent, et n'aspire pas à pouvoir et à faire davantage. Eloignez l'un de ces enfants de sa hutte de neige, enfermez-le dans la cabine du *Victory*, que sa nourriture lui arrive sans qu'il sache d'où elle vient ; montrez-lui l'anglais et apprenez de lui la langue de sa tribu : il ne sait plus où il est ; encore moins où il va. Au premier congé, il vous échappera et, laissant vos leçons dont il n'a que faire, pense-t-il, il retournera sans coup-férir à ses premiers et derniers maîtres. Ainsi fit un neveu d'Ikmalik, sur lequel le capitaine Ross avait fondé quelques espérances.

« Notre école du soir parut les surprendre pour le moins autant que le kaléidoscope » dit le Capitaine, en parlant de deux visiteurs qui avaient couché à bord.

Le seul remède contre le scorbut (maladie qu'ils attribuent fort sagement au manque de vivres ou d'exercice), est l'huile de poisson, et, de fait, c'est là leur remède universel ; s'il ne réussit pas, il ne leur reste que le recours au devin.

Leur sagacité à juger par l'empreinte d'un bœuf musqué sur la neige, depuis combien de temps au juste l'animal a passé là, leur habileté à frapper le veau marin de leur javeline, ou le renne de leur flèche, ne les empêchait pas de s'enquérir des usages anglais. Le *filet*, dans une pêche au sud, attira surtout leur attention et ils apprirent, non pas seulement à s'en servir, mais à en faire. « Il est vrai, dit le capitaine Ross, qu'ils ne devaient guère trouver autour

d'eux de matériaux pour ce travail, autrement le présent
d'un tel art vaudrait mieux pour eux que tous les morceaux
de fer que nous leur avons laissés. »

Ils étaient véritablement curieux de l'usage de chaque
instrument; et, de l'effet, remontaient constamment aux
moyens, et réciproquement; des choses même les plus nouvelles, ils s'efforçaient de tirer quelque service. Il est à
noter que leurs femmes ne faisaient aucun cas des grains de
verre et attachaient beaucoup de prix aux aiguilles, aux
morceaux de bois, de cuivre, de fer.

Les connaissances astronomiques et géographiques, bien
qu'exclusivement au service de l'estomac, ne laissent pas
que d'être fort minutieuses dans la *Boothia-Felix*. « Je crois
sincèrement devoir regarder ce peuple comme un peuple
ingénieux, prêt à recevoir de l'instruction et probablement
à adopter des inventions et des habitudes nouvelles, autant
du moins que les circonstances où il est placé le peuvent
permettre. » Tel est le témoignage que le capitaine Ross rend
à ses hôtes.

Vous avez déjà vu avec quelle facilité ils imitaient les
Anglais dans les usages de la table et le soin de leur toilette.
Cette imitation, empreinte de la gaîté qui se loge sous ces
capuchons de peau d'ours, était souvent de la parodie; la
marche forcée des Anglais était une des choses qui excitaient
le plus leur bonne humeur. Une des gravures jointes au
second volume du voyage, représente une vieille femme (la
vieille *Adelik*) à demi courbée sur son bâton, marchant de
long en large, à grands pas, autour du mur de neige, avec
tout le sérieux risible du flegme anglais.

Voulez-vous à présent apprendre quelque chose de leurs
relations mutuelles? — D'abord nulle apparence qu'une
tribu dépende d'une autre; pas le plus léger signe de gouvernement qui réunisse plusieurs familles à la poursuite

d'un but commun, ou dont l'intervention mette quelque
concert obligé dans les migrations et autres mouvements
indispensables. Chaque famille part ou s'arrête quand elle
le juge à propos, n'ayant que faire de ses voisins pour bâtir
sa hutte, trouver sa subsistance ou porter son bagage. — Mais
au milieu de cette indépendance réciproque, les familles ne
sont pas étrangères les unes aux autres; nulle indifférence
entre elles. Ce coin de terre (différent en cela de celui
qu'habitent les Esquimaux lâchement égoïstes, visités par
Parry), ce coin de terre paraît gagner beaucoup à la rareté
de ses communications avec d'autres peuples. Le caractère
éminemment doux et sociable des Esquimaux ne trouve
pas à s'altérer sur un espace de terre ou de glace qui, si
petit qu'il soit, est si grand pour si peu de familles (1).

Toutes les pratiques des Boothiens paraissent empreintes
de la pensée d'un but positif; tendre vers un résultat d'uti-
lité directe. Vous imaginez bien qu'il n'y a point de guerre
sous cette latitude. Le capitaine Ross découvrit que le souvenir s'était conservé d'un meurtre, commis une fois lors
du partage d'un renne. Il demanda si le meurtrier avait été
tué; ses auditeurs se soulevèrent à cette idée et demandèrent
à quoi cela eût servi; il suffit en effet, chez eux, pour éloi-
gner l'idée d'une telle action, de vouer celui qui l'aurait
faite à une solitude perpétuelle : non point seulement sa
personne, mais sa vue même devant être pour jamais évitée
par tous.

C'est surtout dans leurs relations conjugales que paraît
plus bizarre cette tendance constante et réfléchie, vers un

(1) Les premières relations des Anglais avec les habitants de la *Boothia-
Felix* leur en firent connaître *quatre-vingt-dix-neuf,* savoir : *trente-trois*
hommes, dont *vingt-cinq* avaient leurs femmes; *douze* vieillards hommes ou
femmes et *vingt-neuf* enfants. Ils en virent, plus tard, *soixante* autres; en
tout : *cent cinquante-neuf.*

but, et vers un but tout autre, en apparence, que le but
auquel visent les mariages ailleurs. Le but du mariage, dans
la *Boothia-Felix*, est d'avoir des enfants, parce que les
enfants sont tenus de nourrir, vêtir, transporter, loger leurs
parents sur le déclin. — Dans la *Boothia-Felix* les enfants
représentent un abri bien clos, un habit complet à deux
poils, une voiture commode, une table abondante, que les
parents se préparent prudemment pour leur vieil âge. —
De là la fréquence des cas de polygamie, d'échange de
femmes, d'adoption d'enfants.

Voici ce que je lis, sous la date du 11 juin 1830, dans la
relation d'un voyage du commandant Ross : « Toute la
famille *d'Owen-you-ah* vint de notre côté ; sa femme et ses
enfants actuels étaient la femme et les enfants d'un autre
homme qui était son ami intime et devin : ami auquel il
avait, l'automne précédent, prêté ses deux propres femmes.
Ce prêt est ici comme une marque spéciale d'amitié. Il attendait, à ce moment et dans ce lieu même, la restitution de
son couple d'épouses, mais l'emprunteur, *Choungue-ug-uwuk*,
les avait emmenées dans une expédition contre les rennes
et ce manque d'exactitude paraissait être la cause principale du dépit et du désappointement de son ami. »

Vous voyez, dans cet exemple, que le prêteur était poly-
game ; en revanche la bigamie paraît être le terme extrême
de la polygamie sous cette latitude ; d'un autre part, le capitaine Ross cite plusieurs exemples de polyandrie.

« Dans la soirée, écrit-il, sous la date du 8 mai, nous
reçûmes la visite d'un vieillard étranger, de sa femme et de
ses deux enfants ; la femme était jeune, mais nous apprîmes
qu'il en avait une autre, tandis que les deux jeunes hommes
n'en avaient qu'une pour eux deux ; ils vivaient tous
ensemble. Une autre femme avec deux maris complétai'

cette étrange famille de polygames et l'on assura qu'ils vivaient tous dans la paix la plus complète.

» Il nous eût fallu, ajoute le Capitaine, des rapports plus intimes avec ces tribus pour bien comprendre le système de leurs conventions matrimoniales ; mais ce que nous en avions vu suffisait pour donner à penser que les faits rapportés par *César* au sujet de nos ancêtres les *Bretons* ne sont pas aussi contraires à la vérité qu'on l'a supposé quelquefois. »

Quelques détails de plus sur ce sujet, en nous permettant de mieux saisir l'intention secrète de ces étrangetés, vous rendront raison du sang-froid avec lequel le Capitaine et le commandant Ross, qui les ont vues de près, les racontent : « 30 avril 1830 ; j'avais été surpris d'abord, dit le Commandant à propos de l'un de ses voyages de terre, d'entendre mon guide *Pou-yet-tah* appeler *Pou-ouit-yah* son *père*; car, à mes yeux, il y avait à peine quelque différence d'âge entre eux. J'appris que c'était seulement son beau-père, et que c'était le second beau-père qu'il eût eu, tous les deux du vivant de son propre père qui avait pris une autre femme et avait laissé la sienne au premier de ces deux beaux-pères ; c'était cependant une séparation à l'amiable : le mari avait désiré se rendre à l'ouest ; la femme préférait rester au milieu de sa famille ; ils s'étaient donc séparés peu de temps après la naissance de mon guide. — La femme s'était remariée alors à un autre homme duquel elle avait eu quatre fils de plus ; ce mari s'était noyé, laissant à sa veuve une grande fortune, à savoir : *cinq fils*, dot précieuse en ce pays, puisque sur eux repose la subsistance des parents dans leur vieillesse ; aussi n'avait-elle pas eu de peine à trouver un troisième mari ; elle avait choisi *Pou-ouit-yah*, le frère de son premier mari ; mais de ce mariage n'étaient pas nés d'enfants : *ils avaient alors adopté comme tels* deux petits-fils; le petit garçon, tué par une pierre et dont il sera question tout à l'heure, était l'un des deux. »

Le commandant Ross apprit aussi de son guide, que lui et son frère utérin n'avaient à eux deux qu'une seule épouse.

« 23 avril 1831; la veuve de *Tiagashu* (l'une des premières connaissances des Anglais, mort dans un voyage, six mois après la première rencontre) avait trouvé sur-le-champ un nouveau mari *parce qu'elle avait cinq enfants. Ce parce que* ne serait pas une très-bonne raison en Angleterre, cela est certain ; une famille toute faite apportée en mariage y est rarement une source de prospérité, et il n'est que faire de dire que ce n'est pas une acquisition à laquelle on mette une grande valeur. Mais ici les cinq enfants étaient un bel apport, un cadeau de prix, une source de bonheur et non de tourment. Dès l'âge de huit ans, ils commencent à se rendre utiles; en peu d'années, ils font plus que de fournir à leur subsistance; et quand les parents sont vieux, qu'ils soient nés de leur sang ou bien entièrement et absolument adoptés, c'est sur eux que l'âge de la faiblesse de repose des soins qu'il ne peut plus prendre. Il n'y a pas de *taxe des pauvres* en ce pays. »

Les formalités du mariage sont très-simples. La jeune fille fait son choix dès qu'elle est nubile, c'est-à-dire à quinze ans environ ; le contrat se conclut, sans notaire, entre les parents ; puis, la jeune fille se rend à la hutte de l'époux qu'elle a choisi.

Vous venez de voir quelles espérances les vieillards font ici reposer sur leurs propres enfants ou sur leurs enfants adoptifs. Ils ne se trompent pas : c'est le juste retour des soins qu'ils leur ont donnés. La tendresse des Esquimaux pour leurs enfants est connue : les Esquimaux de la *Boothia* en offrirent aux Anglais des témoignages non équiroques (1). C'est de l'affection d'un père pour son fils adoptif que résulte la seule querelle qui ait un instant troublé les relations amicales des Anglais et des Boothiens. Rien ne leur faisait plus de plaisir que les caresses prodiguées à leurs enfants. Nul châtiment à leur égard ; pas un seul mot de dureté ; en retour, affection et confiance.

Le capitaine Ross, au risque de paraître écrire un panégyrique plutôt qu'une histoire, ne tarit pas sur la libéralité de ce peuple ; sur les soins pieux que reçoit ici la vieillesse (2) sur les attentions dont les invalides sont l'objet ; sur le partage fraternel des provisions avec ceux dont la chasse n'a pas été heureuse ; enfin sur le sentiment vif et prolongé que leur inspirent les services reçus. Un petit exemple qu'il cite justifie ses éloges.

« Il avait été établi dès le printemps, dit-il, que *Ou-blou-ria* et *A-ou-ak*, le fils et le neveu d'Ikmalik se pourvoiraient de traîneaux et de provisions et accompagneraient le commandant Ross, qui se procurerait, de son côté, provisions et traîneaux, et lui serviraient de guides pour aller à cinquante milles du bâtiment. — Ils vinrent au terme fixé, qu'ils avaient indiqué en comptant leurs doigts et en dessi-

(1) « Vers la fin de mai, par une température de 12° au-dessous de zéro, un enfant s'étant mouillé les pieds dans une flaque d'eau, le père ôta ses bas, les lui fit mettre et retourna chez lui pieds nus. » — C'est pour avoir gardé un bas mouillé que l'un des enseignes anglais eut un pied gelé, puis amputé.

(2) Un seul fait parut contrevenir au respect habituel des Boothiens pour la vieillesse. C'est celui du vieil *Aliclu*, amené sur un traîneau au-devant des Européens et laissé seul un moment, pour éprouver leurs dispositions hostiles ou pacifiques. Résigné à recevoir le premier signe de leur colère, il se regarda comme un condamné gracié, quand les Anglais et le capitaine Ross lui-même, après l'avoir embrassé comme les autres, traînèrent son traîneau jusqu'au navire. — Un vieillard, dans ce cas, était pour ces rigoureux calculateurs, celui qui avait le moins à perdre ; celui en qui la famille ou la tribu avait aussi le moins à perdre. Le capitaine Ross ne dit pas qu'*Aliclu* trouvât à redire à ce calcul.

nant sur la neige la forme que présenterait, en ce temps-là, la lune. Les provisions devaient durer cinq jours.

» En arrivant, cependant, ils trouvèrent quatre familles, logées près du navire, et qui avaient été malheureuses dans leur chasse ; là-dessus, ils déplièrent leur bagage et leur firent une si large part sur leurs provisions qu'il ne leur en resta guère que pour deux jours. C'était à peine assez pour aller ; il ne leur restait rien pour le retour, mais ils comptaient trouver, en route, un dépôt de poisson ; par malheur, un ouragan de neige retarda la marche et, dans le temps calculé, les provisions des deux guides étaient totalement épuisées. Ce qui leur manquait leur fut donc fourni sur nos propres provisions ; ils promirent de nous les rendre, dès leur arrivée au dépôt de poisson.

» Parvenus là, les dépôts ne purent être trouvés à cause de la masse de neige accumulée par l'ouragan. En conséquence, il nous fallut pourvoir à leur nourriture jusqu'à notre retour au navire. — Ils y furent à peine qu'ils racontèrent à tous tout ce que nous avions fait pour eux avec les plus fortes expressions de reconnaissance, ajoutant que leurs parents ne manqueraient pas de venir et de remercier le Commandant pour sa bonté : c'est ce qui eut lieu le lendemain, après qu'ils eurent passé la nuit sous notre toit. Le père et la mère arrivèrent avec un présent de peaux de veau marin de la meilleure qualité, s'offrant à nous en faire des bottes imperméables, et au comble de la joie que nous acceptassions leurs présents sans leur rien offrir en retour. — Quelques jours après, ils revinrent avec les bottes ; leur reconnaissance ne s'arrêta pas là, elle trouva plus tard à s'exprimer mainte et mainte fois ; quatre mois après, en souvenir de nos avances de vivres, ils nous promirent d'autres bottes pareilles, pour le moment où le vaisseau passerait près de leur résidence. »

Une seule fois les guides laissent le commandant Ross revenir tout seul, et dans ce cas même, ils s'accusèrent longtemps de ce tort, bien qu'aucun malheur n'en fût advenu.

Le capitaine Ross ne put rien découvrir relativement aux cérémonies funèbres de la *Boothia* ; le jeune garçon tué par une pierre, dont il sera question tout à l'heure, fut emporté sans que les Anglais aient jamais su ce qu'il était devenu ; et le corps du vieil *Alictu*, mort dans sa hutte, y fut laissé par les siens, avec une légère incision dans le ventre, faite après le décès, peut-être pour lever les derniers doutes. Ce furent les Anglais qui se chargèrent de le soustraire à la dent des renards ou des ours. Son crâne, mis en réserve pour la société phrénologique de Londres, est resté avec le navire dans le golfe de Boothia. — Quelques simulacres de tombeaux en pierre, aperçus à diverses reprises sur la côte, ne permettaient pas de douter qu'il y eût quelques coutumes funèbres.

Le Capitaine n'aperçut aucune trace d'envie : il faut ajouter qu'il se garda bien de l'éveiller, aimant mieux gratifier de présents ceux qui n'avaient rien à lui donner en échange, que de faire naître des haines. On ne peut trop applaudir à de telles précautions, si peu importantes qu'elles paraissent ici à telle mère de famille qui n'en aperçoit pas la portée et les néglige.

Le mensonge découvert était un sujet perpétuel de raillerie ; le rire en faisait justice. — Le vol, si l'on peut donner ce nom à l'enlèvement par les femmes de quelques morceaux de verre ou de fer dont elles ignoraient l'usage, n'avait pas plus de sérieux que le mensonge et n'était pas autrement puni. Leur désir de posséder les choses d'Europe n'allait pas du reste jusqu'à surpasser la crainte de nuire à leurs hôtes ; tous les objets volés furent rendus dès que les

voleurs eurent appris que les Anglais ne pouvaient s'en
passer. Les maris, moins avides de nouveautés, se faisaient
un devoir de restituer ce que leurs femmes avait secrète-
ment apporté dans leurs huttes.

La poursuite active, incessante, la poursuite, à toute heure
et partout, d'un but uniforme et tout simple, jointe à la
gaîté, à la bonne humeur, à la bonté, font de cette petite
société quelque chose de spécial et d'attachant sous des
formes étranges. Une émulation positive les anime tous ;
homme ou femme, le prix est à celui qui se rend le plus
utile aux siens.

Les seuls signes de colère sont le silence et le départ ; le
capitaine Ross assure qu'il n'a jamais vu un seul exemple
de querelle et d'emportement entre homme et femme ; qu'il
a vu toujours maris et femmes se traiter avec indulgence et
franchise.

« *Non-seulement ils étaient bons*, dit-il, *mais encore ils
inspiraient la bonté à tout ce qui les entourait, y compris
nous-mêmes.* »

Le 12 juin 1831, des vendeurs de saumons étaient retenus
sur le *Victory* par un déluge de neige « Je les fis entrer
dans la cabine, dit le Capitaine et leur lus quelques passages
des Saintes Écritures, dans la *bible en Esquimaux* qui
m'avait été donnée à Holsteinborg. Ils eurent l'air de les
comprendre, quoique je m'y attendisse peu ; ils m'écou-
tèrent avec beaucoup d'attention, corrigeant mes fautes de
prononciation et me faisant répéter ce qu'ils ne compre-
naient pas. — Je leur lus ensuite le *Credo* et le *Pater* du
livre d'*Egède* ; ils les comprirent également, du moins quant
aux mots... Je leur lus quelques mots du vocabulaire
d'*Egède*, et j'eus le plaisir de voir qu'ils les reconnaissaient
mieux que ceux des ouvrages plus récemment imprimés. Je
ne les laissai pas partir sans un repas de poisson...

« Il n'était que faire de chercher à connaître ce qu'ils pensaient de ce qu'ils avaient entendu et s'ils en saisissaient le sens. Nous étions loin de savoir assez leur langue pour leur faire de pareilles questions... Tous mes efforts ne purent me mettre à même de conjecturer quelque chose de précis relativement à leurs opinions sur les points essentiels qui auraient pu faire supposer chez eux l'existence d'une religion.

Le Capitaine ajoute en parlant de Dieu : « Ils ne le connaissent pas ; semblables par là à toute la grande famille de leurs frères inconvertis. — Nous ne trouvâmes rien chez eux qui se rapprochât si faiblement que ce fût de cette notion capitale ; et s'ils étaient dominés par quelque superstition relative à une *Providence* ou bien à une *Vie future*, nous ne pûmes le découvrir. Bien qu'ils eussent un devin (un *angekok*) comme les autres Esquimaux, il ne nous parut pas, qu'il y eût, pour lui, beaucoup de déférence et de respect. »

« Ce qu'il y a de certain, dit ailleurs le capitaine Ross, c'est qu'avant de faire notre connaissance, ils n'avaient jamais eu occasion d'acquérir les vices de la civilisation. Mais *je ne puis affirmer avec confiance qu'ils n'ont pas appris de mal de nous.*

» Toutefois, écrit le Capitaine dans son premier volume, il nous restait de nos communications avec eux un souvenir plus durable, plus consolant que celui des avantages que nous avait procurés leur trafic. Nous ne leur avions pas vendu de rhum ; nous n'avions pas introduit de maladie parmi eux ; nous n'avions rien fait qui pût tendre à corrompre leurs mœurs ou détruire leur santé... Ils n'avaient rien appris de nous qui pût les rendre mécontents de leur position actuelle et presque inévitable. Au contraire, tout en espérant les laisser aussi heureux que nous les avions

trouvés, nous avions tout lieu de croire que les exemples
d'invention et de constance que nous leur avions montrés,
tourneraient, pour le moins autant que les objets utiles
répandus par nous au milieu d'eux, au profit de leur intel-
ligence, augmenteraient leurs ressources et amélioreraient
leur condition autant qu'elle est susceptible d'être amé-
liorée.

» Nous pouvions regretter de n'avoir pu leur donner
d'instruction religieuse ou morale ; mais nous ne pouvions
nous reprocher de n'avoir pas entrepris une tâche que rendaient inexécutable la nature restreinte de nos relations et
une connaissance imparfaite de leur langue... Songeant à
tous les maux que les navigateurs ont versés sur les tribus
qu'ils visitaient, notre *conduite négative*, devenait pour nous
un sujet de joie. Et maintenant, dans notre pays natal,
maintenant que nous ne reverrons plus ces dignes hôtes,
nous pensons avec plaisir à ce que nous avons *évité* de faire
et même à ce que nous avons fait ; nous livrant parfois à
'idée que s'ils sont visités de rechef par des Européens, les
voyageurs y trouveront notre mémoire transmise d'une
génération à l'autre jusqu'à la postérité la plus reculée,
entourée de la mystérieuse auréole qui déco e le nom de
Manco Capac. »

Le capitaine Ross termine en ces termes la revue des
souvenirs que les habitants de la *Boothia-Felix* lui ont
laissés : « En somme, dans l'état où nous les avons trouvés,
ils étaient les plus heureux des hommes : la Providence leur
ayant accordé avec bonté tout ce qui leur est nécessaire, —
sinon toutes ses faveurs. »

Il est peu de relations qui laissent une aussi consolante
pensée. Des goûts parfaitement adaptés aux ressources du
pays ; une sagacité sans cesse en éveil ; une ligne de conduite uniforme et précise, qui met de l'accord dans toutes

les relations et fait de la vie entière un paisible voyage à
journées prévues mais variées : tout cela forme un tableau
que l'on ne s'attend guère à trouver sous le **70°** degré de
latitude nord : un tableau que nos campagnes verdoyantes
peuvent envier aux glaces du pôle.

La nature humaine, avouez-le, est un invincible ressort ;
tant plus on la presse et l'abaisse, disait un ancien, *tant plus*
elle regimbe et se relève. Elle n'a que faire ici de courir
dans les plaines humides où le renne va se charger de
graisse ; elle n'a que faire de voler, comme l'oie sauvage,
vers les larges fleuves du sud ; comme le veau marin dont
elle emprunte volontiers les traits, elle défie, de la place où
elle est, l'ennemi qui l'opprime ; à quelques excursions près,
elle lui tient tête, pour ainsi dire, sans lâcher pied et le
repousse, joyeuse au milieu du combat.

« L'homme est un être étrange », — écrit le capitaine
Ross, en présence de cette étonnante victoire, — « puisqu'il peut vivre en tant de contrées différentes, sous des
climats si opposés et sur des aliments si divers. Il serait
encore plus étrange si, connaissant un autre pays (je n'ai
que faire de dire un meilleur, car il ne peut y en avoir de
pire), il avait cependant choisi le détroit du Prince-Régent.
Mais, de quelque part qu'il y soit venu, il est venu à bout
d'y vivre ; s'il avait connu les bananes, il a appris à leur
préférer l'huile de poisson ; il a remplacé par des *tibia* et
des *femur* les cannes de bambous, et l'ananas par la graisse
de phoque : apprenant aussi qu'une peau de veau marin
peut fournir un meilleur habit qu'un tissu de coton, et que la
neige peut tenir lieu de bois et de pierre, et n'oubliant pas
d'apporter ce qui vaut mieux que le feu même, la dose de
sagacité nécessaire pour son usage, —il s'est fait lui-même un
chez lui, dans lequel il se trouve si bien qu'il ne porterait

point envie aux hommes de tel pays que ce soit, quand il
saurait ce qu'ils sont et ce qu'ils possèdent. »

Le Capitaine, attendant en avril 1832 le retour de ses
nouveaux amis, écrivait ceci : « Nous ne pouvions nous
passer du secours des naturels et de leurs chiens. » Les
naturels étaient bien loin d'en être réduits à en dire autant
des Anglais; de l'aveu du Capitaine, il n'eût pas été facile
aux Anglais de disputer aux Boothiens leur supériorité pratique « lorsque, dit-il, ils voyageaient avec plus de facilité
que nous, se logeaient avec cent fois moins de peine, trouvaient des plaisirs où nous ne rencontrions que des souffrances, ne pouvaient être égalés dans la chasse au veau
marin, se gorgeaient d'une surabondante nourriture à l'endroit où nous serions morts de faim, parce que nous ne pouvions la souffrir, trouvant à notre cuisine les défauts que
nous trouvions à la leur. »

Permettez-moi, pour termimer, de vous citer l'une des
nombreuses pages où le capitaine Ross insiste sur le contraste
que ce coin de terre présente entre l'impitoyable rigueur
du climat et le bonheur des habitants. Après avoir présenté
le sombre tableau du dixième mois du second hiver, il
ajoute, sous la date du 30 juin 1831 : « Tel est ce climat,
dans lequel l'homme trouve à vivre, et même on ne peut le
contester, à vivre heureusement. Il n'a pas d'eau à boire au
cœur de l'été, il est vrai, sans mettre de la neige sur le feu
et s'il n'avait pas l'esprit de produire du feu, il n'aurait rien
à boire pendant les trois quarts de l'année. Il ne respire pas
le parfum des fleurs, car il n'en éclôt pas à sa portée ; mais
il savoure l'odeur de l'huile rance ; il n'a pas de légumes
pour sa soupe, ni d'herbes pour ses assaisonnements ; mais
il a de l'huile pour assaisonnement et pour soupe, et il peut
trouver une salade toute faite, si la fortune le favorise, dans
l'estomac d'un renne ; et cette salade est cuite à une chaleur

dont les avantages n'ont jamais été contestés. S'il n'a jamais vu cette chose si particulièrement inconcevable qu'on appelle un *arbre*, que lui importe? puisqu'il se fait des carrosses de poisson et des brancards d'os. S'il bivouaque et dort non pas *sur la dure*, mais sur la froide neige, sa couche est douce au moins; et pourquoi, s'il le croit, n'est-il pas aussi bien logé que les princes de la terre? le marbre de leur palais approche-t-il en blancheur de celui qu'il emploie? sa maison de marbre n'est-elle pas élevée en une heure, renouvelée comme celle d'Aladin à toute heure du jour, partout où bon lui semble? »

CONTINUATION DU JOURNAL.

— Revenons à nos voyageurs; nous les avons laissés à la fin de leur quatrième mois de détention, agréablement distraits dans leur triste solitude, par la visite des hommes et femmes avec qui vous venez de faire connaissance. Reprenons le journal que cette visite nous a fait interrompre et, caractérisant en peu de mots les mois qui suivent, hâtons-nous d'arriver à la saison qui promet au navire de lui rouvrir la route.

Février 1830. — Ce mois ne le cède pas au précédent. Le 4, le thermomètre tomba à 41° au-dessous de zéro. Je vous ai déjà dit que, le 6, la glace de la mer avait six pieds d'épaisseur. Le 7, le thermomètre descendit à—42°; dans la soirée du 9, il était à—43°.

« Nous estimâmes, le 10, écrit le Capitaine, qu'il devait être à—44°, mais, à ce point, nos instruments étaient incertains. » Les jours suivants ne furent guère moins froids. Le 17, par un temps couvert, la température remonta de près de vingt degrés, à—26°; le 18, à—22°. Le 19, premier jour de neige de l'année, le thermomètre était à—21°.

« Les visiteurs parurent enchantés, dit le capitaine Ross, de voir un traîneau que nous avions construit. C'était, ajoute-t-il fort judicieusement, un ouvrage beaucoup plus à leur portée que tout ce qu'ils avaient vu chez nous jusquelà, et qui, de la sorte, leur pouvait donner une idée plus rationnelle de notre supériorité. »

Le 21 février est un jour de chaleur, le thermomètre se tenant à minuit, à 17° au-dessous de zéro. Rien ne prouve mieux combien l'effet de la température sur le corps est relatif : le 22, la température monta d'un degré. « Ce jour, observe le Capitaine, était le premier depuis longtemps où nous eussions pu déjeuner et dîner à la lumière du jour. » Un ptarmigan tué ce même jour, un beau lièvre atteint le 24, puis deux femelles de renard prises à la trappe ; la peau d'un glouton pris de la veille, apportée au navire par les naturels, sont autant de preuves que, par les plus grands froids, le pays n'est pas complètement dépourvu d'êtres animés. Le 26, danse et concert des Esquimaux, en l'honneur de leurs amis les Anglais, qu'ils pourvoient abondamment de vêtements et de veaux marins. — Les quinze premiers jours de ce mois avaient été très-froids et les quinze autres assez doux.

———

Mars. — Je passe sous silence des observations suivies sur les hauteurs des marées, dont les irrégularités déconcertent tous les calculs, et diverses excursions à terre du commandant Ross. Les Esquimaux donnent une preuve

remarquable de leur habileté en construisant à leurs voisins
un observatoire en neige gelée et en plaques de glace, garan-
tissant parfaitement du froid ou du vent et assez transparent
pour que l'on y pût lire.

Le 14, le froid augmentant, le thermomètre descend à 40°
au-dessous de zéro et remonte ensuite de 34 degrés. —
Le 19, des corbeaux venant du nord, passent au-dessus du
navire. « A la fin de ce mois, dit le Capitaine, la glace
commençait à fondre quoique lentement, au sud du vaisseau et les rochers étaient dépouillés de leur neige par le
soleil. »

Avril. — Les premiers jours d'avril sont des jours de
neige ; le vent du nord la chasse avec violence. « Le 2, dit
le Capitaine, nous fit l'effet d'un jour d'été ; le thermomètre
était remonté à 5° au-dessous de glace ; la chaleur du soleil
suffit pour sécher le linge, et des ruisseaux d'eau de neige
descendirent de tous les rochers ; toutefois, le 4, le thermomètre descendit à 22° au-dessous de glace ; le 9, à 24° ; le 13,
à 35°. »

Le 16, le mur de neige et de glace qui entourait le bâtiment, était devenu inutile ; le 18, la température ne s'éleva
pas au-dessus de—23° ; froid et neige.

Le 19, la plupart des Boothiens vinrent, pour la seconde
fois, faire leurs adieux aux Anglais. « Ils étaient évidemment
fâchés de se séparer de nous, écrit le Capitaine, quoiqu'ils
s'attendissent à nous revoir au nord ; ils prirent congé de
nous en poussant de grands cris, pour nous faire leurs remer-
cîments et nous souhaiter toute sorte de bonheur. Nous
commencions à entendre passablement leur langue.

» Le 20, ceux qui restaient encore, nous dirent qu'ils

avaient vu, la veille, la première mouette de l'année, ce qui était une bonne nouvelle.

» Le 21, furent aperçus les premiers rennes, avec les loups, leurs éternels persécuteurs. » Le 25, le thermomètre était à—16°; le 29, à—18°; la nuit, il descendait à—22°, on avait trouvé à la glace de la mer sept pieds et demi d'épaisseur. Mais les condensateurs, à l'intérieur du bâtiment, ne donnaient plus qu'un boisseau et demi de glace par semaine.

Ce mois, malgré le vent froid et les ouragans de neige, avait été consacré à des reconnaissances importantes, principalement de la part du commandant Ross. Je n'entrerai pas dans le détail de ces expéditions, toujours accourcies par la difficulté des transports, toujours interrompues par le besoin de vivres, troublées par les temps couverts qui obscurcissent l'horizon, rendues incertaines par la confusion que présente une terre neigeuse, des lacs et des mers glacés.

Dans l'une de ces pénibles excursions, le Commandant s'était assuré de la présence de la mer à une petite distance à l'ouest du navire. D'un autre côté, ses guides lui avaient démontré avec tous les signes qu'ils avaient à leur disposition que la ligne de côté était continue au sud, de façon à permettre le voyage par terre, de la baie à l'entrée de laquelle était le *Victory*, à la baie de Repulse qui est au nord de la baie d'Hudson; qu'en conséquence le vaisseau ne trouverait aucun passage pour arriver, par le sud, de la mer où il était, dans la mer que le commandant Ross avait aperçue à l'ouest; ce passage d'une mer à l'autre, n'étant, selon eux possible que par le nord.

Cependant ils affirmaient aussi qu'il y avait au sud du navire un courant maritime étroit et rapide, venant de l'ouest et désigné par eux par les mots *sha-ga-voke* qui signifient dans leur langue *il court vite*; laissant par ces indications un vague espoir que ce fût une communication du *golfe de la Boothia* avec la mer Occidentale nommée par le capitaine Ross *mer du roi Guillaume.*

« A la vérité, dit le voyageur, les naturels ne nous donnaient guère d'encouragement, nous assurant qu'à leur connaissance, la terre était, là, continue du nord au sud, et nous affirmant même positivement qu'il n'y avait point de passage à l'endroit où nous l'imaginions. Nous pensâmes que, tout en rendant justice à leur bonne foi, nous ne devions pas les croire sur parole ; leurs rapports pouvaient n'être pas exacts, et, dans tous les cas, nous étions sûrs de nous préparer un sujet de regret et peut-être un sujet de reproche, si nous nous contentions ici d'un autre témoignage que de celui de nos yeux, ayant déjà fait tant de chemin pour cet objet, et les moyens de vérifier la chose par nous-même étant en notre pouvoir. »

Avril. — La reconnaissance du petit bras de mer qui laissait encore quelques espérances aux voyageurs, confirma malheureusement les assertions des Esquimaux. Les deux rives du *Shagavok*, composées de masses pittoresques de granit rouge, et presque rejointes, de loin en loin, par une foule d'îles, se rapprochaient, à quatre milles de l'entrée, à la distance d'environ cent vingt pieds. Le canal était en outre rétréci par des rochers élevés au-dessus de l'eau et couverts de glaçons échoués ; sa largeur variait ensuite d'un quart à trois quarts de mille ; je laisse dire le reste au commandant Ross : « Après trois heures de marche rapide, écrit-il, *j'arrivai à l'extrémité de ce canal et pris terre* sur la petite île où nous avions trouvé enterré le canot de *Tulloake.*»
— Le chemin était irrévocablement fermé du côté du sud-ouest, aux espérances de nos voyageurs.

7

Quant à la cause du courant de ce bras de mer, si souvent
cité par les naturels et qui, depuis bientôt trois mois, les
animait d'un vivifiant espoir, c'est tout simplement la fonte
des neiges qui descendent par là, dans le golfe de Boothia,
au commencement de l'été, c'est-à-dire, au moment où les
nomades habitants de cette terre, vont de ce côté à la
recherche du saumon qui, à cette époque, encombre les
courants d'eau douce.

Le désappointement n'était pas complet; le passage au
sud refusé, les regards se tournaient vers le passage au nord:
passage dont les géographes indigènes annonçaient eux-
mêmes l'existence.

« Nous reconnûmes, dit le Capitaine, que s'il existait un
passage de ce côté (du moins entre notre position et le
détroit de Lancastre), il ne devait pas se trouver à plus d'un
degré (c'est-à-dire de vingt-cinq lieues) au nord de notre
baie, à l'extrémité sud du détroit du Prince-Régent, dans la
baie même de *Creswell* où, après cinq milles de navigation,
nous n'avions pu apercevoir de terre en aucun sens.

» Les limites de notre recherche ainsi fixées, le plus
pressant était d'examiner avec attention les différents bras
de mer, au nord. Notre projet, était, si nous ne trouvions
pas de passage dans cette limite, de retourner dans le détroit
du Prince-Régent et d'examiner les seules ouvertures qui
restassent, au nord des îles de *Léopold*. » Par malheur, les
renseignements donnés par les Esquimaux sur le passage
au nord, ne leur étaient venus à eux-mêmes que par ouï-
dire, et paraissaient s'appliquer au détroit de *Barrow* et de
Lancastre auxquels aucun d'eux n'était allé.

Une scène qui faillit être funeste aux Boothiens et aux
Anglais signala le commencement du premier voyage de
terre vers le nord. Elle montre à la fois la tendresse des pères
pour leurs enfants et la défiance qu'inspiraient aux habi-

tants les instruments de cuivre dont ils ignoraient l'usage,
et les pouvoirs magiques dont ils les supposaient doués.

Le 27 avril, jour du départ, aucun cri de joie ne se fit
entendre, lorsque les Anglais furent aperçus des huttes ; ils
virent de loin les femmes et les enfants se ranger à l'écart,
et les hommes mettre la main sur leurs couteaux, avec un
air sombre. Aussitôt que les aboiements des chiens eurent
annoncé leur approche, un vieillard se précipita à leur
rencontre, brandissant le grand couteau dont ils se servent
contre les ours ; des larmes coulaient sur son visage ridé ;
ses yeux étaient rouges et hagards ; à quelques toises des
voyageurs, le soleil qu'il avait en face lui fit garder l'arme
qu'il allait lancer ; ses fils survinrent, le saisirent et lui atta-
chèrent, non sans peine, les bras derrière le dos. Bientôt les
Anglais se virent cernés par tous ses compagnons armés ; le
fusil du Commandant mis en joue, fit fuir ceux qui venaient
par derrière et fit rentrer les autres dans les huttes. Le fusil
mis en joue de nouveau, une femme s'avança sans crainte,
le releva et commença la paix par une explication. Un des
fils *adoptifs* du vieux Pou-ouit-yah, bel enfant de sept à
huit ans, avait été tué le soir précédent par une pierre déta-
chée d'un rocher, et la toute-puissance magique des étrangers était accusée de ce malheur. — Après une courte délibération, grâce à la courageuse initiative d'une femme, les
deux armées se rapprochèrent ; les couteaux furent enfin
jetés sur la neige.

« Ce fut, dit le commandant Ross, la seule occasion où ils
nous montrèrent des sentiments hostiles, pendant tout le
temps que nous passâmes dans leur voisinage. Un des fils de
Pou-ouit-yah lui-même, servit de guide au Commandant.
Cette expédition ne produisit du reste aucun résultat décisif
pour la question dont il s'agissait ; une chasse fort heureuse
aux bœufs musqués fournit aux guides l'occasion de mon-

tier leur sagacité et leur gloutonnerie, et aux Anglais, celle de faire sentir aux guides la redoutable puissance de leurs balles. L'épaule du bœuf cassée à vingt pas, fit penser au fils de *Pou-ouit-yah* à quel danger venait d'échapper son père.

Mai. — Neige abondante pendant les premiers jours. Le 9, un vent *du nord* fit monter la température de—17° à—7°; l'épaisseur de la glace dans un lac voisin, était de dix pieds. — Le 13, le thermomètre varie entre—18° et —10°; nouvelles visites d'Esquimaux. —Le 15, suppression des *condensateurs.* — Le 20, sable et poussière jetés sur la glace autour du navire pour en hâter le dégel. — Le 22, les tentes d'été sont dressées; chasse aux ortolans de neige; ptarmigans, gelinottes, lièvres. — Le 26, premier brouillard de 1830, suivi d'une belle journée : le thermomètre remonte à—3°; les jours suivants, l'adoucissement progressif de la température était tel que le thermomètre remontait, le 28, à zéro, le 29, à+1°. Les navigateurs préparaient activement leurs agrès, fortifiaient le navire, etc.; quelques symptômes de scorbut commençaient à se montrer parmi eux; les compagnons du commandant Ross avaient eu beaucoup à souffrir, en route, des inflammations d'yeux que produit la neige. — Le 31, les Anglais voient quatre mouettes et un hibou.

Juin. — La première partie de ce mois fut employée à diverses excursions sous la conduite du capitaine Ross et aussi sous celle de son neveu, vers le rivage méridional de la mer qu'ils avaient vue à l'ouest : rivage qui, sur la carte du Capitaine, prend le nom de *terre du roi Guillaume.* Les voyageurs rencontrent beaucoup de cigognes et de pluviers, une bécassine. Du haut d'une montagne, ils aperçoivent au loin, dans les plaines, des centaines de rennes ; ils découvrent une source d'eau vive, beaucoup moins froide que l'eau de neige. A cette époque même, la neige était encore assez gelée pour que des traîneaux chargés de provisions, y glissassent sans enfoncer. — L'excursion du capitaine Ross établit que l'*isthme* qui forme la route au sud-ouest « n'a qu'une largeur de *dix-sept* à *dix-huit* milles, dont *douze* sont occupés par des lacs d'eau douce, de sorte que les deux mers ne sont séparées que par *cinq* milles de terre. » Cet isthme était couvert de cercles de pierre de trois pieds de haut, bases des tentes d'été des Esquimaux.

Nous avons vu que le grog avait été réservé pour les expéditions à terre : « Comme j'étais le seul, dit le Capitaine, qui ne prisse aucune liqueur spiritueuse et que tous, excepté moi, avaient de violents maux d'yeux, je leur représentai que l'usage du grog en était la cause, leur faisant remarquer que, bien qu'étant le plus âgé de tous, j'étais celui de tous qui supportais le mieux la fatigue : aucun n'hésita à y consentir. » — Cette victoire du bon sens sur une pernicieuse habitude, m'a paru digne d'être enregistrée.

Une remarque, sous la date du 26 mai, caractérise bien les difficultés de ces reconnaissances. « En réfléchissant à toutes les sinuosités de la côte que nous avions vue ou suivie, je commençai, dit le narrateur, à avoir des doutes sur notre véritable position. Je me demandai si nous suivions réellement les côtes du continent, ou si toute cette terre de forme irrégulière n'était qu'une chaîne d'îles. Ceux qui ne sont pas familiers avec ces climats glacés doivent supposer que lorsque tout est glacé, lorsque tout ne forme qu'une seule masse éblouissante, lorsque la surface de la

mer elle-même est hérissée de rochers, tandis que la terre
au contraire est très-souvent plate ; lorsque enfin l'on ne voit
ni terre ni eau, que la terre et l'eau se confondent par la
forme et la couleur, ce n'est pas toujours un problème facile
de déterminer un fait qui, dans les termes ordinaires, est très-
simple. »

Le voyageur ajoute : « On ne peut pas plus voyager là
l'été que l'hiver ; ce n'est pas que la chaleur soit plus insupportable que le froid, bien qu'elle ait ses inconvénients ; mais
c'est que la surface de la glace devient tout de suite si glis-
sante et si humide qu'il est presque impossible d'y passer ;
quand la terre est mise à nu et que l'eau paraît enfin à la
mer, l'on ne peut voyager ni par terre ni par eau ou plutôt
par ce qui n'est ni l'une ni l'autre. »

Parti le 17 mai, le Commandant ne revint au navire que
le 13 juin. Du haut du cap, nommé par lui le cap *Felix*, il
avait vu la terre incliner au sud-ouest et regagner, à ce
qu'il pensait, le cap *Turnagain*. La dernière pointe touchée,
prit le nom du *Victory* (1) ; une pointe à cinq lieues environ
au sud-ouest, nommée pointe *Franklin*, fut la dernière terre
aperçue de ce côté. L'expédition avait été aussi loin que
ses provisions le lui avaient permis. Après avoir perdu
l'espoir du passage maritime au sud, il fallait renoncer à la
pensée qui pouvait le mieux adoucir ce premier désappointement : à la pensée de compléter la reconnaissance de la
côte septentrionale du continent américain.

Nous aussi, retournons au navire, et feuilletons le journal
du Capitaine. Le 14 juin, par une température de zéro,
giboulées de neige qui fondent sur la terre ; le 15, la plus
grande chaleur est 10° au-dessus de zéro. — Le 18, gelée,
matin et soir. — Le 19, pluie abondante. — Le 20, le ther-

(1) Latitude nord 69° 37' ; longitude ouest de Greenwich 98° 40'.

momètre reste pendant sept heures à +10° ; les marins, dans leur promenade du dimanche, voient beaucoup de lièvres et de canards sauvages. — Le 24, jour de saint Jean, belle matinée, puis neige et pluie de midi à minuit. Le 25, les Anglais tuent une oie ; ils aperçoivent le premier cygne de la saison et des volées nombreuses de canards. Le 26, le thermomètre montait à +16°, à midi ; redescendant à zéro, la nuit. Nos voyageurs trouvent un œuf d'oie, et aperçoivent plusieurs volées de ces oiseaux. La glace avait diminué d'épaisseur, mais était encore très-compacte.

Juillet. — Au commencement de ce mois, le Capitaine, parti le 19 juin avec dix hommes, se rend à l'une des rivières voisines les plus poissonneuses pour se procurer des vivres : deux ou trois couteaux lui en avaient jusque-là plus acquis des Boothiens que tous les coups de filet.

Quelques mots sur la température de ce mois. Le 2, le thermomètre, à minuit, était à +2°. Le 3, brouillard, neige et pluie. Le 5, plus une seule trace de neige, à terre : le thermomètre s'élève à +8°. Le 7, forte gelée. Le 9, pluie de douze heures, favorable aux projets du départ. Le 10, la glace n'avait plus qu'un pied d'épaisseur et si peu de solidité que le poids du corps la brisait ; le canal préparé pour la sortie du vaisseau, fait de grands progrès. Le 12, pluie toute la nuit. Le 13, l'eau perce les glaces et les recouvre. — Le 14, un bloc de glace se glisse sous le navire et le soulève. Le 15, insupportable visite des mosquitos, à terre. A minuit, le thermomètre était à +5°.

Toutefois, le 18 juillet, on ne voyait encore aucun espace de mer libre. Le 21, la glace était totalement rompue autour du navire ; le canal était libre, les principales voiles étaient en place ; le navire lui-même était calfaté, radoubé, peint, rajeuni (1).

Le 22, le thermomètre monte à 16° au-dessus de zéro ; essaims de mosquitos aussi nombreux, aussi tourmentants qu'aux Antilles ; il n'était plus possible de marcher à terre ; il n'était pas encore possible d'avancer sur mer.

Le 25, premier mouvement des glaces vers le nord. Du haut de la plus haute montagne du voisinage (montagne de quatre cents pieds environ) nos voyageurs impatients n'aperçoivent pas le plus petit espace de mer libre. Le 26, nécessité d'amarrer le vaisseau aux rochers ; beaucoup de pluie ; réparations au *Krusenstern*.

Le 29, pêche abondante de truites dans un lac. Le 31, les pêcheurs comptent dans leur filet plus de cent truites pesant ensemble huit kilogrammes. « Notez, dit ici le Capitaine, pour se justifier de n'avoir à mentionner que des actes qui assimilent la vie de l'équipage anglais à celle des Esquimaux, notez que des provisions fraîches ou salées, qu'une ration copieuse ou incomplète suffisaient pour faire pencher la balance entre la force et la faiblesse, entre la santé et la maladie, et même, comme cela ne s'est que trop vu jadis, entre la vie et la mort. Ainsi le premier saumon de l'été fut pour nous un meilleur médicament que toute la pharmacie du bord. » Que les personnes à qui les truites du lac ne rappellent qu'un mets de luxe, veuillent bien songer à la *valeur morale* d'un poisson frais, au milieu des glaces du pôle.

———————

Août. — La glace, enfin en mouvement, ne présente que monticules séparés par des mares. Entre autres succès de

(1) La machine à vapeur avait fourni aux réparations du navire quelques matériaux utiles ; le reste devait être pour les Boo hiens une précieuse mine de fer.

pêche, le journal cite, le 5, une truite de trois livres et demie; le 6, une truite de cinq livres, etc.

Le 7 août, brise du sud-ouest; les glaces en mouvement, pressent fortement le navire contre les rochers, mais sans avarie, puis elles s'arrêtent. Elles se remettent en marche, le 11, par un vent du sud, puis reviennent le 12, au soir; le 13 et le 14, elles ne bougent pas; le thermomètre, la nuit, était à+1° Le 15, les glaces, éloignées le matin de la côte par une brise de l'ouest, reviennent par un vent du nord-est. « La première étoile que nous eussions aperçue de l'été, dit le Capitaine, fut visible à minuit. » La température tomba, vers la même heure, à 14° au-dessous de zéro.

Le 18 août, mort de l'un des renards que les Anglais avaient apprivoisés : grand événement pour des prisonniers. Les Anglais avaient aussi apprivoisé un lièvre. Le 24, seulement, les glaces se mirent en mouvement vers le sud. « L'intérieur du *Havre-Felix* se trouva dégagé, mais bientôt après un champ de glace y entra et le remplit complètement. Le bâtiment était à l'abri derrière d'énormes blocs de glace échoués. Le 25, les glaces s'accumulent autour du havre. Le 26 et le 27, rien de nouveau. Le 28, le thermomètre varie, la nuit, entre 2° et 3°. Le 29, grand mouvement des glaces par un vent du nord-ouest; le 30, mouvement, puis halte des glaces.

Les extraits qui précèdent suffisent pour indiquer les alternatives d'espoir et de crainte qui caractérisent ce mois d'août.

Septembre. — Les premiers jours, le thermomètre était à zéro; il descendit ensuite à—1°; neige abondante; les montagnes blanchissent pour la première fois de la saison. Le vent qui variait entre l'ouest et le nord, accumulait les glaces autour du Havre-Felix.

Le 2, mouvement rapide des glaces vers le sud. — Le 3, halte des glaces ; à minuit forte gelée. Le 4, essai de touage ; le navire échoue sur quatorze pouces d'eau. Il est remis à flot le 6 et le 7 ; du 4 au 7, neige presque continuelle.

Le 11 ; une nouvelle glace est formée entre le bâtiment et la côte ; au coucher du soleil, le thermomètre était à—6° ; à minuit, il était à—8° ; les canards sauvages avaient repris leur vol vers le sud. Quant au vaisseau, il avançait chaque jour de quelques pieds en coupant la glace. Un lièvre tué le 14 avait déjà sa fourrure d'hiver. Le 15, mouvement des glaces vers le nord ; le soir, elles vont et viennent au gré de la marée. « Le 17, au point du jour, dit le Capitaine, nous pûmes voir que les glaces s'étaient éloignées de la côte. Une chaîne restait entre le bâtiment et la mer ; vers deux heures, elle parut disposée à se rompre : nous nous fîmes touer sur-le-champ à travers la glace nouvellement formée, et, au bout d'une demi-heure, nous nous trouvâmes encore une fois sur une eau libre et sous voiles.

« Sous voiles ! nous savions à peine ce que nous éprouvions et si nous devions en croire nos yeux ; il n'y a que le marin pour sentir que la masse de bois qui bondit sous lui qui s'avance ou se détourne à sa parole, à son geste, qui ne remue qu'à sa volonté est un être vivant, un être intelligent et sympathisant, et non pas un corps inerte, jouet des courants et de la brise ; mais quel marin a jamais senti cela comme nous, quand cette chose vivante qui avait coutume de nous voiturer légèrement sur l'Océan, avait été, une année entière, immobile comme les glaces et les rochers d'alentour, percluse de ses membres, paralysée, morte ; elle semblait ressusciter, elle nous entendait et nous obéissait encore une fois ; pour tout dire, nous étions libres...

» Nous avions fait ainsi trois milles (environ quatre kilomètres) quand une chaîne de glace, barrant le passage, nous força de nous amarrer près de la pointe qui était au nord de notre ancienne position, et nous passâmes la nuit dans un havre assez commode entre deux montagnes de glace. Nous tirâmes quelques oies sur le rivage pour passer le temps, qui, comme on peut le penser, coulait alors bien lentement pour nous, et nous vîmes beaucoup de veaux marins. » Le thermomètre à minuit était à—1°.

Le 18 septembre, le vent tournant au sud, tout passage fut fermé; le soir par une brise du nord, les glaces revinrent rapidement vers le sud ; la terre se couvrit entièrement de neige. Le 19, à minuit, le thermomètre était à 4° au-dessous de zéro. Le 21, emprisonnement complet; les glaces s'accumulent autour du navire.

Le 25, le thermomètre après s'être tenu quelques jours entre 4° et 5° au-dessous de zéro remonte de trois degrés ; la nuit du 26, il retombe à—3° ; le 27, son plus haut point dans la journée fut 10° au-dessous de zéro : le 29, il tomba à—15° ; les blocs de glace accumulés étaient alors tellement attachés les uns aux autres, qu'un ouragan seul eût pu les séparer.

Le 30, toute la mer était couverte de glace ; plus d'alternative d'espoir et de crainte, l'arrêt des voyageurs était prononcé. « Notre prison d'hiver était devant nous, dit le capitaine Ross (dans le *havre du Shériff* à l'entrée duquel ils étaient, veut-il dire); tout ce que nous avions à faire était de l'atteindre, d'y établir notre maison amphibie et, un pied sur la mer, un pied sur la terre, — de *prendre patience.* »

Le 29 et le 30, le bâtiment avance de *dix-huit pieds* en coupant la glace devant lui ; cette glace nouvellement formée avait déjà seize pouces d'épaisseur. « Notre journal de chasse, ajoute le Capitaine, en terminant le compte de ce mois de désappointement, ne contient, à part quelques oies et quelques lièvres, que quelques coups de fusils inutilement tirés contre les veaux marins et la poursuite infructueuse d'un ours blanc. »

———

Octobre. — Le journal de ce mois n'est que l'énumération des longs efforts qu'il faut à nos voyageurs pour se frayer, à travers la glace, un chemin vers le fond du havre du *Sheriff*. Dès le premier jour le thermomètre était, la nuit, à 11° au-dessous de zéro ; le chiffre des pas que fait chaque jour le bâtiment est assez expressif ; il avance, le 3 octobre, de *seize pieds ;* le 4, de *seize pieds :* le 5, de *dix-huit pieds ;* le 6, de *vingt pieds ;* le 7, de *cinquante pieds ;* le 8, avant le jour, le thermomètre était à—15° ; plus une goutte d'eau de quelque côté que ce fût. La nuit, le thermomètre descendit à—16° ; le matin du 10, il était à—17°. « Nous fûmes donc obligés de travailler le dimanche, dit le Capitaine, car quarante-huit heures d'une pareille gelée, nous auraient empêché de couper la glace qui avait déjà de trois à quatre pieds d'épaisseur ; il fallait encore cinquante toises pour mettre le navire à flot ; tous nos efforts pour avancer ce jour-là, ne produisirent pas plus de *trente pieds*. »

Le 11, le progrès fut de *quarante-cinq pieds* ; même progrès le 12 et le 13, le thermomètre était à midi à—3° ; à minuit à—18°. Le 14, le bâtiment avance de *cinquante pieds* ; le 15, de *quarante-cinq* ; le 16, de *quarante* ; le 17, dimanche, le progrès n'est que de vingt pieds ; le 18, de *trente*. « Le 19, dit le Capitaine, les blocs de glaces que nous coupions étaient si lourds que nous ne pouvions les lever qu'à l'aide du cabestan. »

La journée du 20, produisit une avance de *trente pieds*, le 21, le bâtiment avança de *quarante pieds ;* des espaces d'eau libre qui s'étaient fait voir les jours précédents,

avaient disparu sous une nouvelle couche de glace; le 22,
le bâtiment fit (non pas quatorze milles) mais *quatorze
pieds*, malgré la neige ; il fait encore *quatorze pieds*, le 23 ;
la température s'était adoucie, et le thermomètre n'était
alors, la nuit, qu'à 6° ou 7° au-dessous de zéro.

Le 24, dimanche, continuation des mêmes travaux : la
glace avait alors environ seize pieds d'épaisseur ; il devenait
impossible de la soulever, même en fragments et les travailleurs ne pouvaient l'enfoncer dans l'eau ; de là, la nécessité de lui faire de la place sur les côtés ; le bâtiment avance
encore de *quarante pieds* le 26, et de *cinquante* le 27. Il se
trouvait enfin à flot, à la marée basse.

Le 28, le thermomètre tomba de—18° à—22° ; la terre
était couverte de deux pieds de neige, le bâtiment n'avança
que de *treize pieds*. La gelée soudait les fragments de glace
à mesure qu'ils étaient détachés ; le 29, même progrès de
treize pieds, qui donne au bâtiment onze pieds d'eau par la
marée basse ; la journée du 30, ne produisit qu'un progrès
de *six pieds*. — Restaient cent toises de glace à couper,
c'est-à-dire de l'ouvrage pour cent journées, à supposer que
le froid n'eût pas augmenté. Le Capitaine prit le parti de
laisser le bâtiment où il était, encaissé sans danger dans la
glace. « Le 31, dit-il, nous pûmes revenir à nos habitudes
et faire du dimanche un jour de prière et de repos. »

Les travaux opiniâtres de ce mois avaient tourné au profit
de la santé physique et morale de l'équipage.

Novembre. — Ce mois n'offre guère que la répétition des
ouvrages de l'année précédente ; le vaisseau reprend son
costume d'hiver, son habit serré de neige et de glace, son
capuchon de toile à voile. Les Anglais comptent entre leurs
distractions, la construction d'un observatoire, l'érection de

poteaux qui indiquent aux Esquimaux le changement de
domicile de leurs fournisseurs de couteaux et d'aiguilles, la
pose de quelques drapeaux sur les hauteurs. Le service de
l'intérieur avait été réglé de manière à ce que la moitié des
hommes pût se promener à terre le matin et l'autre moitié
l'après-midi.

Le 1er, le thermomètre varia de—12° à—26°. Le 13, il
tomba à—28°; à pareil jour, l'année précédente il était
à—3°. Il y avait 25 degrés centigrades de différence. Le 14,
temps calme et froid, 33° au-dessous de zéro. « Une brillante aurore boréale fut le seul incident de ce jour, dit le
Capitaine; nous n'en avions vu que rarement depuis quelque temps. » Le 18 et le 19, le froid fut assez vif pour faire
descendre le thermomètre à—34°. Le 25, il était à—39°, le
mercure gela; ce qui n'était arrivé l'année précédente que
le 17 décembre. « Le soleil, dit le Capitaine, ne se montra
pas ce jour-là au-dessus des montagnes du sud; nous ne
l'aperçûmes plus du vaisseau, bien qu'on pût encore le voir
des hauteurs : première annonce de la longue nuit où nous
allions entrer. »

Le 29, visite des Anglais au *Havre-Felix*, qu'ils trouvent
encombré d'énormes glaçons. Le 30, la température varie
de—23° à—27°; la chasse de ce mois avait été peu de chose,
la nuit venant deux heures après midi. Un renard noir avait
pris la place du renard perdu.

———

Décembre. — Le 2, le thermomètre était à—23° et dans
la soirée il remonta à—18°. « Le froid, dit le Capitaine,
n'était pas incommode. » Le 4, il y avait un pied de neige;
le thermomètre se maintenait à 17°, les *condensateurs*, remis
en place, donnaient trois boisseaux et demi de glace par
semaine.

« Le 7 décembre, rien de nouveau, dit le Capitaine, si ce
n est la première magnifique soirée que nous eussions vue ;
laquelle était tout à la fois le matin, le midi et le soir d'un
soleil qui ne se levait plus ni ne se couchait plus ; promet-
tant ces deux choses et ne faisant ni l'une ni l'autre, et dont
le plus haut point n'était qu'un crépuscule glissant, non pas
tout le long de l'horizon, mais sur le court espace qui nous
disait que le soleil ne nous reverrait plus de longtemps.

» Cependant c'était un glorieux midi, mêlé d'aurore et
de crépuscule. Le rideau cramoisi des nuages était teint de
couleurs qui se voient rarement sous un ciel plus favorisé. »

Le 15, neige. Le 16, aurore boréale très-pâle. « L'effet
des derniers vents, écrit le Capitaine, sous la date du 18,
fut de durcir la neige au point que l'on y pouvait marcher
sans y imprimer de trace. »

Le 21, de—32° le thermomètre remonte à—28°. Le 25,
neige ; prières et repas de Noël. Du 23 au 27, la moyenne
du froid fut de—28°. Les *condensateurs* donnaient quatre
boisseaux de glace par semaine. Le 30, le mercure gela de
nouveau. Ce jour donna la plus haute marée, une marée de
huit pieds et demi. Celle du 24 n'avait été que d'un pouce.
« Les marées, observe le Capitaine, ne se prêtaient à aucune
de nos formules. En dépit de la lune, les vents, les courants,
les glaces et peut-être d'autres circonstances encore, mettaient tous nos calculs en défaut. » Le 31 décembre, le
thermomètre était au plus bas point qu'il eût encore atteint
cet hiver, marquant 43° au-dessous de zéro.

————

Janvier. — C'est par cette température que s'ouvrit pour
nos voyageurs l'année 1831 ; le calme rendait le froid moins
sensible, le vaisseau fut pavoisé et le jour de l'an célébré
dans le havre du Sheriff, comme il l'eût été dans un port

d'Angleterre. « Le ciel était si clair, observe le Capitaine,
que pendant quatre heures du jour on ne put voir aucune
étoile. »

Le 2, la température de l'air était de 48°. « Ce jour-là,
dit le Journal, les hommes qui purent aller à terre, après le
service divin, ne se plaignirent pas du froid. » Tel est l'effet
de l'habitude. Le 3, le 4, le 5, la température varie de —43°
à —45° ; la prise d'un renard est le seul événement de la première huitaine ; le 9, sont vues deux aurores boréales très-
faibles.

Le 13, le ciel présentait, comme l'année précédente les
plus magnifiques teintes et la terre fut singulièrement élevée
pour l'œil par la *réfraction* de l'air ; le thermomètre remonta
à —23°. Le 15, il était à —20° ; neige.

Le soleil n'était pas encore visible ; il reparut pour la
première fois le 19 ; les derniers jours du mois, donnent
beaucoup de neige. Le 22, curieux halo autour de la lune,
à huit heures du soir. Le 25 et le 26 furent des jours très-
doux ; le thermomètre était à —21°.

Le 26, pour la première fois de l'année les rayons du
soleil tombent sur le vaisseau. Le 28, les Anglais tuent
quelques perdrix blanches et voient un grand nombre de
corbeaux, de gelinottes et de lièvres. Le 31, par un ouragan de neige, le thermomètre remonte à —18°. Ce point
avait été le plus haut du mois ; 50° avait été le point le plus
bas, sept renards avaient été pris à la trappe.

Les Esquimaux n'avaient pas reparu.

Février. — Le 1er, par un très-fort vent du nord, le thermomètre remonte à —14°. Le 2, il remonte à —11° ; puis, il
redescend le 5, à —30°. Le 6, à —35°. Le 9, prise d'un
renard affamé qui, comme plusieurs de ses pareils, perd la

langue pour avoir mordu la barre de fer de la trappe. Le 10, froid très-vif, température de 41° au-dessous de zéro. Le 11, impossible de se promener à terre, le thermomètre étant à—39°; les *condensateurs* donnent, cette semaine-là, cinq boisseaux de glace. Le 16, par une température de—43° l'un des renards prisonniers, quoique bien nourri, s'échappa, emportant sa chaîne rompue; trois jours après il fut repris à la trappe. Les renards n'étaient plus rares et servaient à nourrir les chiens, les lièvres devenaient aussi plus communs. Le 22, le ciel couvert fait remonter le thermomètre à—34°. Le 23 et le 24, neige abondante, le thermomètre remonte à—29°, puis, le 26, redescend à—40°.

« Le 27, le soleil eut à peine la force de faire remonter le thermomètre de—41° à—38°. Le 28, par une température de—41°, une balle de mercure gelé, perçait une planche d'un pouce d'épaisseur (1). — Ce mois se termina sans que les Esquimaux eussent paru. »

———

Mars. — La température de ce mois fut singulièrement rigoureuse, dépassant même celle de janvier et de février. Ce sont encore les degrés du thermomètre, qui présentent le seul intérêt qu'offre ce journal uniforme : le thermomètre descendit, le 5, de—38° à—40°; la journée du 6 compte deux heures à—32°. Le 7, le thermomètre se fixa à—40°; un lièvre blanc fut tué ce même jour. Du 8 au 12, à minuit, le thermomètre se tint à—37°. Le 14, le soleil fondit la neige sur quelques rochers. Le 15, grand vent, et neige de vingt-quatre heures. Le 19, à—42°; les condensateurs donnaient,

(1) Une balle d'huile d'amande douce, obtenue le 10 mars par une température de — 40°, fendit la planche contre laquelle elle fut tirée et rebondit à terre sans se briser.

8

en leur semaine, cinq boisseaux et demi de glace. Le 20 mars le thermomètre descendit à—46° et sy tint. Le 21, le 22, le 23, le 24, il retomba à—31°. Du 27 au 29, temps variable, giboulées de neige, brise piquante, température flottante entre—37° et—31°.

« Le 30, dit le Capitaine, il y eut décidément un changement très-agréable : le thermomètre atteignit—23° et la journée fut si douce, du moins à nous prendre nous-mêmes pour thermomètres, que nos hommes se félicitaient les uns les autres de la chaleur printanière, même lorsque le thermomètre fut à—28°. Tel est l'effet du contraste. »

« Le 31, il fit encore plus chaud, car le thermomètre monta à—21° et ne descendit pas, la nuit, au-dessous de —26° ; c'était encore un mois de passé... »

Les Esquimaux n'avaient point paru, le besoin de chair de veau marin pour les chiens, de vêtements et de poisson frais pour les hommes, faisaient compter avec anxiété les jours de l'attente.

—————

Avril. — L'adoucissement de la température continue, mais lentement. Le 2, le thermomètre était la nuit à—17° ; dans la nuit du 6, il retomba à—26°. C'était seize degrés centigrades de plus que l'année précédente. Suivent plusieurs jours d'ouragans et de neige ; la nuit du 8, le thermomètre était à—27°. Le 9, la neige se polit aux rayons du soleil, mais ne donne pas encore d'eau ; le thermomètre qui, le 10, était à—29° retombe, le 11, à—17° ; redescend, le 12, à—30°. Le 13 et le 14, il remonte à midi, à—18°, les Anglais font des préparatifs de voyage.

Le 17, est aperçu le premier ortolan de neige de la saison. Le 19, le thermomètre remonte à—13°. Le 20, départ du commandant Ross pour aller reconnaître la côte au nord, et y chercher un passage à l'ouest. Le 21, le thermomètre était enfin à zéro.

Ce même jour les Anglais, restés au bâtiment sont agréablement surpris par des cris de salut *manig ! tonig* ; — trois de leurs anciennes connaissances, entre autres le vieux *Pou-ouit-yah*, furent bientôt aperçus à un quart de mille, levant les bras en l'air pour montrer qu'ils étaient sans armes, et porteurs d'une lettre du commandant Ross qu'ils avaient rencontré en chemin et à qui ils avaient vendu pour deux couteaux deux magasins de saumon pesant ensemble quarante kilogrammes.

Il va sans dire que des amis si précieux, et si longtemps désirés, dînèrent et couchèrent à bord. — La principale nouvelle de l'hiver était la mort de l'un d'eux, *Tiagashu*, à qui le chirurgien du *Victory* eût peut-être conservé la vie (1). Ils avaient tué un grand nombre de rennes, ils avaient pris beaucoup de poisson et avaient vainement attendu, de leur côté, leurs amis les Européens. Cinquante peaux de veau marin que les Anglais leur virent, annonçaient une assez belle chasse ; les trois familles avaient en outre tué deux bœufs musqués et deux ours.

Partis avec les Anglais à la recherche des deux magasins de saumon, les Esquimaux font en quarante-cinq minutes une grande cabane de neige à leurs compagnons de route et à défaut de couvertures, leur prêtent de superbes peaux.

Un enfant, né le mois précédent, avait été nommé *Aggluga*, du nom que ses parents donnaient au commandant Ross : parrainage sans baptême, témoignage spontané de la douce et paisible impression que les Boothiens avaient emportée de leurs relations avec nos voyageurs. Le récit du Capitaine nous le représente, avec ses officiers, jouant avec les

_____

(1) L'un des meilleurs amis des Anglais, éminemment sensible à leurs bons services, « homme aimable et exemplaire, dit le capitaine Ross. »

enfants de ses hôtes, *au jeu de l'ours et des chiens*, au grand contentement de leurs mères, en attendant les dépôts de poisson promis.

Soixante-quinze kilogrammes de poisson amenés de douze lieues, furent en cette occasion, livrés pour un couteau, à la grande joie des parties contractantes.

Le 24 avril, il fit beau et très-froid, le thermomètre était pendant le jour à—16° et, la nuit, à—23°; le contraste du jour et de la nuit, plus fort le 25, était, au dire du Capitaine, plus pénible qu'un froid de vingt degrés de plus. Le 26, le thermomètre descendit, la nuit, à—26°, et le jour, à—12°; la neige, même dans un air aussi froid, fondit pendant quatre heures sous le soleil. Une forte couche de neige avait empêché la glace d'augmenter en épaisseur; elle s'était arrêtée à six pieds.

Les Esquimaux avaient reparu, et avec eux le meilleur médicament de l'équipage captif; leur société avait aussi son prix. — Il me resterait à mentionner une dernière et vaine expédition au nord du commandant Ross; parti le 20 avril, il revint le 1er mai, ayant fait cinquante lieues sur des glaces raboteuses, par la neige, le vent et un froid de —27°, sans rencontrer d'autre animal qu'un corbeau. Les maux d'yeux occasionnés par la neige, l'avaient forcé de ne marcher que de nuit. Un des enseignes avait eu un pied gelé, condamné à le perdre sous le bistouri du chirurgien, il fut désormais plus à charge qu'utile à ses compagnons. Quant au passage cherché, le Commandant croyait dûment acquise la conviction qu'il n'existait pas dans la limite précédemment fixée.

Mai. — Le 1er, la température varia de—16° à—11°; le thermomètre était le 3, à—17°. Le 4, à—6°; la glace autour

du vaisseau avait encore cinq pieds et demi; le thermomètre redescendait, la nuit, à—17°.

Le 14, il n'était, la nuit qu'à—6°. Le 15, premières traces
de rennes. Le 17, départ des Anglais vers le nord, en deux
divisions. « Notre marche, dit le Capitaine, avait quelque
chose de nomade et d'original. La mère des deux guides
ouvrait la marche, un bâton à la main. Venait ensuite mon
traîneau, tiré par des chiens, portant un des enfants et quelques provisions ; une femme tenait les rênes avec un enfant
sur son dos; puis venait un autre traîneau des Naturels,
puis celui du commandant Ross et enfin un autre traîneau
des Esquimaux. Un Esquimau traînant deux sacs d'huile
formait l'arrière-garde ; nous marchions nous-mêmes à
quelque distance de ce cortége, avec un de leurs petits
garçons. Les haltes étaient fréquentes, car les charges
étaient pesantes, la neige profonde, la glace raboteuse » (1).

Cette procession rencontre, entre autres choses, une
rivière dont l'eau, malgré la température de l'aire, est à un
ou deux degrés au-dessus de zéro, et dispense les voyageurs de faire fondre de la neige pour leur boisson. Dans
l'une des gravures jointes au voyage, l'on voit cette rivière,
qui jamais ne gèle, descendre entre les anfractuosités de
hautes roches granitiques, à côtes perpendiculaires.

Le 20 mai, traces de renne, et vue d'un loup. Le 2, vue
de plusieurs rennes et de deux loups.

Le 23 mai, un nouvel ouvrage des Esquimaux, que l'on
n'attend guère sous cette date, surprend nos voyageurs :
« un traîneau de même forme que les autres, mais entièrement fait de glace et parfaitement bien fait. » A sa transparence on l'aurait pris pour un traîneau de cristal et bien

(1) Cette expédition peut s'appeler *l'expédition des lacs*, étant une reconnaissance des lacs nombreux de la Boothia; la traversée (sur la glace) du plus
grand de ces lacs, demande à nos voyageurs trois jours de marche.

qu'il semblât avoir la fragilité du verre, il était assez fort
pour supporter le poids des objets nombreux dont il était
chargé. — Ce même jour, les Anglais aperçoivent quelques
loups, un corbeau et un hibou. La température était encore
de 10° au-dessous de zéro. Le 25, chute de neige ; le thermomètre était *à midi*, à—1°. Le 26, vue d'un troupeau de
douze rennes. Le 27, rencontre d'Esquimaux : le commandant Ross se sépare du Capitaine, pour aller explorer l'ouest.
Le 29, les voyageurs aperçoivent les premiers ortolans de
neige.

Une observation du capitaine Ross constate que la vallée
de l'*isthme de Boothia* n'est élevée que de treize pieds au-
dessus du niveau de la mer occidentale. « A trente degrés
plus près de la Ligne, dit-il, une *Compagnie du canal* eût
facilement réalisé le passage que la nature a refusé ici. »

Le 3 mai, la neige cesse et la gelée reprend. « Pendant
tout mon voyage, dit le Capitaine (du 17 au 31), je n'avais
pas aperçu un seul espace d'eau libre le long de la côte ; je
n'avais pas vu un seul oiseau sur les montagnes : indice
d'un froid vif et prolongé, dans toutes les contrées de l'Amérique du nord. »

Juin. — Le 1er, le thermomètre, à son point le plus bas,
il est vrai, descendit encore à 7° au-dessous de zéro. Le 7, il
tombe tant de neige qu'une expédition destinée à l'exploration du sud-est est retardée. Le 9, le soleil, plus éblouis-
sant que jamais sur la neige, arrête la marche. Ce jour-là,
sont aperçues les premières mouettes de la saison. Les
Anglais de cette expédition du sud-est rencontrent en route
deux tentes d'Esquimaux, leurs anciennes connaissances,
qui les invitent à entrer, bien que pris au dépourvu et tous
au lit, sans distinction, hommes, femmes et enfants. »

.Le 10, les voyageurs, à leur retour, trouvent enfin de l'eau. Le 12, ils essuient seize heures de neige, par un affreux vent d'ouest. Le 14, on ne voit plus un pouce de terre ; pas une goutte d'eau stagnante ou courante : cependant la température monta pour la première fois à 4° au-dessus de zéro. Le 16, une mare d'eau se forme près du vaisseau, recouverte la nuit d'un pouce de glace. Le 20, des troupes d'oies et de canards, passent aux environs, volant vers le nord. Quelques gelinottes avaient été tuées la semaine précédente.

Le 21 juin, première pluie de l'année ; les marres, formées pendant le jour, se recouvrent encore la nuit d'un pouce de glace. Le 24 (jour de saint Jean), le thermomètre qui était à—1°, ne remonta à zéro qu'à neuf heures, et se maintint à ce point pendant vingt-quatre heures. Le 29, la surface des mares gela ; le bâtiment était prêt pour le départ.

Le commandant Ross était revenu le 13, de son expédition à l'ouest. Je n'entrerai pas dans les détails qu'elle présente, bien qu'ils soient d'un plus grand intérêt qu'une monotone énumération des variations thermométriques ; il me faut pourtant dire quelques mots de l'objet principal de cette expédition, à savoir : la détermination du *pôle magnétique*.

Ce mot nécessite quelques explications :

Suspendez une aiguille aimantée par le milieu, ou plutôt par le centre de gravité, de façon à ce qu'elle se meuve, aussi librement que possible, non pas de droite à gauche, dans le plan horizontal, mais de haut en bas, dans le plan vertical, se levant par un bout, s'abaissant par l'autre, comme la poutre dont les enfants font une balançoire. Vous obtiendrez ainsi la *boussole* dite *d'inclinaison*, pour la distinguer de la boussole ordinaire, dite *de déclinaison*, dans laquelle l'aiguille aimantée se meut dans le plan horizontal.

En certains points du globe l'aiguille d'inclinaison reste

sans s'élever ni s'abaisser d'aucun côté, et se maintient dans une position parfaitement horizontale. Ces points, dont un certain nombre a été déterminé, forment ensemble autour de la terre une ligne circulaire que l'on a nommée *l'équateur magnétique* ; cette ligne, loin de se confondre avec l'équateur proprement dit, le coupe en deux points : dans la mer du Sud et près la côte ouest de l'Afrique.

A mesure que l'on s'éloigne de l'équateur magnétique, l'aiguille d'inclinaison s'éloigne de la position horizontale. Une de ses extrémités se relève, l'autre s'abaisse : c'est ce que l'on appelle l'*inclinaison de l'aiguille aimantée*, ou d'un seul mot : *l'inclinaison magnétique*. L'endroit où l'aiguille s'éloigne le plus de la position horizontale; ou en d'autres termes l'endroit où l'angle qu'elle fait avec le plan de l'horizon est le plus grand possible; ou en d'autres termes encore, l'endroit où, à force de se relever d'un côté et de s'abaisser de l'autre, l'aiguille arrive à se redresser complètement, de façon à être perpendiculaire au plan de l'horizon; cet endroit est ce que les savants désignent par le nom de *pôle magnétique*. Les pôles magnétiques ne se confondent pas plus avec les pôles arctiques et antarctiques, que l'équateur magnétique ne se confond avec l'équateur proprement dit.

Divisez en 90 *parties égales*, ou comme on dit en *degrés*, le quart de cercle qui correspond à l'angle droit que forment, par leur rencontre, la ligne horizontale que présente l'aiguille d'inclinaison à l'équateur magnétique, et la ligne verticale que présente cette même aiguille d'inclinaison au pôle magnétique; vous direz que l'*inclinaison* est nulle ou zéro (0°) à l'équateur magnétique. Vous la mesurerez par les degrés marqués sur le quart de cercle à mesure que l'aiguille, s'éloignant de la ligne horizontale, se rapprochera

de la verticale. Au pôle magnétique, l'inclinaison, à son
point extrême, sera de 90 degrés.

A la pointe du *Fury*, l'aiguille d'inclinaison inclinait de
88 degrés. — A la hauteur où le *Victory* se trouvait le
17 août 1829 (à l'île de Brown) nous avons vu que l'aiguille
d'inclinaison inclinait de 89°, plus rapprochée d'un degré
de la verticale. Ainsi, en allant à l'ouest, nos voyageurs
s'étaient rapprochés du pôle magnétique ; il ne s'en fallait
plus que de la 90° partie du quart de cercle que ce pôle ne
fût atteint.

Les observations magnétiques faites avec le plus grand
soin dans l'hiver de 1830 près du *Havre-Felix*, avaient
donné une approximation encore plus encourageante.
D'après les calculs faits en Europe avant le départ du
Victory, sur les données fournies par les expéditions précédentes, le pôle magnétique avait été placé de telle sorte sur
la carte, que le commandant Ross, dans son excursion au
cap *Victory*, en 1830, ne s'était trouvé qu'à huit ou dix
lieues sud de l'endroit indiqué. L'objet de son expédition
de juin 1831, était de toucher cet endroit même.

Le 31 mai il n'en était plus, d'après ses observations et
ses calculs, qu'à cinq lieues, ayant, malgré bien des obstacles, suivi la côte nord de la mer Occidentale, dite du *roi
Guillaume*, et laissé en route une partie du bagage à cause
de la difficulté des transports et pour éviter des retards qui
eussent fait manquer le but de cette reconnaissance scien-
tifique. « Nous fîmes une marche rapide, dit le Commandant, et, persévérant autant que nous le pouvions, nous
atteignîmes l'endroit désiré, le 1er juin, à huit heures du
matin. Je dois, ajoute-t-il, laisser le lecteur imaginer l'exal-
tation d'esprit où nous trouva le grand objet de notre
ambition. On eût dit que nous avions vu et fait tout ce que
nous étions venus voir et faire en ces contrées, que notre

voyage était terminé ; que nos fatigues touchaient à leurs termes et qu'il ne nous restait plus qu'à rentrer chez nous, pour nous reposer le reste de nos jours...

« » La terre, en cet endroit, est très-basse près du rivage ; mais elle s'élève à 50 ou 60 pieds de hauteur à quelques lieues de la mer. Nous aurions voulu qu'une place si importante eût été signalée par quelque monument de la nature. Nous n'y trouvâmes que quelques huttes de neige, abandonnées depuis peu et qui nous furent très-utiles.

» Notre observation était aussi près du pôle magnétique que les moyens que nous avions à notre disposition nous permettaient de le déterminer. L'inclinaison indiquée par notre boussole d'inclinaison était de 89 degrés 59 *minutes* (ou 59 soixantièmes de degré). Notre aiguille n'était ainsi qu'à une minute (ou à un 60e de degré) de la position verticale.

» La *proximité* du pôle magnétique pour ne rien dire de plus, et à supposer que ce pôle ne fût pas à la place même où nous étions, était en outre confirmée par l'action ou plutôt l'inaction totale de plusieurs aiguilles horizontales que j'avais apportées ; elles étaient suspendues de la manière la plus délicate ; mais ici, pas une ne fit le plus léger effort pour s'écarter de la position dans laquelle elles étaient placées : fait qui, comme on sait, est une des circonstances qui prouvent que le centre d'attraction est à la plus petite distance horizontale.

» Le pavillon britannique fut arboré ; les fragments de pierres calcaires qui couvraient le rivage, nous fournirent les matériaux d'un monticule où fut déposée une note dans une caisse d'étain. » J'omets l'énumération faite par le Commandant des conditions qu'il faudrait réunir pour arriver en cette matière à une précision plus rigoureuse. Le

2 juin (1) après une courte excursion le long de la côte qui
remonte vers le nord, après une vue de dix à douze milles de
côtes au nord, du haut d'une pointe nommée le cap *Adélaide*,
le retour fut commandé par l'épuisement des vivres. Le **13**,
les boussoles d'inclinaison étaient de retour au *havre du
Sheriff*, après vingt-huit jours d'absence.

Pour compléter le résumé de ce mois, il faudrait insister
sur les relations amicales des Boothiens et des Anglais. Ce
même mois, l'Enseigne au pied gelé eut le pied amputé.

———

Juillet. — Reprenons le journal météorologique. Le **1ᵉʳ**,
vents froids et violents, température au-dessous de zéro. Le **2**,
neige. La nuit du **3** forme une couche de glace d'un pouce
et demi d'épaisseur. Le **4** et le **5**, neige, gelée la nuit. Le **6**,
brouillard et neige. Le **7**, les Anglais prennent six renar-
deaux d'une même portée. Le **8** et le **9**, le thermomètre est
encore à zéro. Le **12**, les promeneurs trouvent un nid et des
œufs de pinçon de Laponie. Le **14**, le thermomètre, qui, la
veille, était remonté à+4°, redescend à zéro ; pluie et grésil.
Le **15**, pluie, neige, brouillard, gelée la nuit.

Le **16**, température de 6° au-dessus de zéro, la plus douce
que l'on eût eue de l'année. Le **17** et le **18**, gelée la nuit. Un
lièvre, tué le **21**, avait sa robe d'été; les ptarmigans avaient
aussi changé de plumage. Les promeneurs trouvent des
nids de plusieurs oiseaux inconnus, avec leurs œufs et leurs
petits. Le **24**, ils rencontrent un nid d'ortolans de neige,
prêts à voler.

La nuit du 29 juillet, le thermomètre ne descendit qu'à+2°
et, le **30**, la température était à midi de 10°; à minuit, de 5°.

(1) La glace avait alors dans la *mer du roi Guillaume*, six pieds huit pouces
d'épaisseur.

Le 31, la glace, à demi-rompue, permit d'aller du bâtiment à terre, à l'aide d'une barque.

Le travail de ce mois avait consisté principalement dans le transport des saumons pêchés en abondance par les Anglais ou bien achetés aux naturels. Quelques familles nouvelles, auxquelles était parvenue l'excellente réputation de nos voyageurs, étaient venues leur offrir des magasins de vivres et des vêtements, et les firent gratifier, comme leurs prédécesseurs, de quelques fragments de cercles de fer, aux dépens de la machine à vapeur, et très-sensibles au plaisir que les Anglais firent à leurs femmes en leur offrant des caisses d'étain ou des aiguilles. Leur bonne mine, leurs habits soignés, leur copieux attirail de voyage, et surtout la sincérité de leurs affections de famille, étaient loin de démentir l'idée que leurs compatriotes avaient laissée d'eux à nos voyageurs. Du reste, ils n'avaient jamais vu de vaisseau, et les curiosités européennes produisirent sur eux l'effet qu'on en devait attendre.

Les Anglais apprirent de leurs compagnons de pêche à tuer le poisson avec leur petite javeline à dard barbelé. Je vous ai dit ailleurs que les Esquimaux examinèrent à leur tour le filet dont se servaient les Anglais et eurent le bon esprit d'en reconnaître l'avantage, apprenant non pas seulement à en faire usage, mais encore à en fabriquer eux-mêmes.

———

Août. — Le 3, la glace céda près du vaisseau, et il put avancer de la moitié de sa longueur, amarré dès-lors à une grande montagne de glace. Le 4, une forte pluie vient encourager les espérances.

Le 6, pour la première fois, les Anglais voient des glaces en mouvement au nord-est. Le 8, mouvement des glaces brisées, mais en masses serrées. Le 9, la montagne de glace dont je viens de parler, se fend et se renverse. Le 11, le vaisseau fait quelques pas; le *Krusenstern* est placé bord à bord. Le 12, visite de quatre anciennes connaissances et de six étrangers. Le 13, visite de vingt-trois hommes, femmes ou enfants, régalés à bord : « Visites non-seulement agréables, dit le capitaine Ross, mais délicieuses au milieu de l'éternelle monotonie des journées d'attente. »

La nuit du 13, le thermomètre tombe à 2°. Vainement nos voyageurs appellent l'heure du départ; vainement ils épient les mouvements des glaces, les progrès des flaques d'eau lointaines; la nature n'est pas réveillée encore, ou, par instant, menace de se rendormir.

Le 14, renfort de cercles de cuivre à la jambe de bois, présent de jambes de rechange ; premiers succès des Anglais à la chasse au veau marin.

Le 15, pluie, mouvement des glaces. Le 16, pluie, puis forte neige, qui disparaît sous une nouvelle pluie. Le 17, brouillard, neige, pluie. Le 18, même temps variable. Le 20, une brise du sud met les glaces en mouvement au large. Le 21, autre départ des glaces.

Le 22, pluie et grésil ; le thermomètre monte à peine au-dessus de zéro. Le 23, froid vif et brouillard. Le 24, rien de nouveau, si ce n'est la prise par les Anglais d'un second veau marin. Le 25, mouvement des glaces près du vaisseau. Un barque est avariée par leur pression; prise du troisième veau marin (1).

Le 26, départ des glaces. Le 28 les glaces sortent enfin de la baie du *Sheriff,* se dirigeant vers l'est ; le soir, le vaisseau est toué à un quart de mille au sud-ouest, et prend position pour profiter de la première ouverture ; vainement,

_____

(1) « Nous avions alors, dit le Capitaine, une petite ménagerie à bord, composée de quatre renards, de trois lièvres et de douze souris du nord. »

il met à la voile, des blocs de glace qu'il ne peut doubler, l'arrêtent, et la rupture d'une pièce du gouvernail interrompt ses efforts de ce jour, ou plutôt de cette nuit.

Le 29, fort vent d'ouest et neige : c'était le vent le plus favorable au départ ; dès quatre heures du matin, le vaisseau met à la voile (pour la dernière fois) et s'avance à travers les glaces flottantes. Puis, le vent change et lui ferme la route. A neuf heures, nos voyageurs se repliaient vers la côte, après avoir fait environ une lieue et un tiers, après s'être crus libres. A peine étaient-ils amarrés au rivage (dans la baie de *Mundy*) qu'un violent ouragan arriva du nord, accompagné d'un déluge de neige, ramenant les glaces vers le sud-ouest avec une effrayante rapidité.

Le 30 août, le thermomètre descendit à 4° au-dessous de zéro. A onze heures, le vent ayant entraîné la glace formée pendant la nuit, le passage semblait libre le long de la côte ; mais le vent était directement contraire. Du haut des montagnes, on ne voyait au nord qu'une vaste plaine de glaces rocheuses, serrées les unes contre les autres.

Le 31, plus moyen de se frayer de passage. « Le mois d'août était terminé, écrit le capitaine Ross, et nous avions fait, en notre été, *quatre milles*. L'état sanitaire de l'équipage ne présentait encore aucune maladie prononcée, mais n'inspirait plus la même confiance : funeste préparation à une nouvelle année d'emprisonnement. » — Cependant l'arrêt n'était pas encore définitif. Quelques jours de pluie et une forte brise du sud pouvaient encore briser leurs chaînes.

Je continue le relevé des mois.

***

Septembre. — Le 2, pluie et neige. Un passage navigable est ouvert ; mais avant la marée du matin, le vent tourne au nord et le ferme avec les glaces qu'il ramène. Le 5, il tombe tant de neige que l'on ne peut plus reconnaître l'état des glaces. Le 6, terre et glace, tout est recouvert de neige; les glaces sont poussées dans la *baie de Mundy*, le bâtiment est soulevé de deux pieds ; le soir, neige. Le 7, neige. Le 8 et le 9, le vent du nord pousse les glaces vers le sud. Le soir, le thermomètre était à—5°. Le navire est pris dans les glaces nouvelles. Le 10, immobilité universelle. Le 12, un vent du nord très-violent amoncèle les glaces autour de la baie. Le 13, ouragan ; le thermomètre tombe au-dessous de—6°.

Le 15, on n'aperçoit plus d'espace d'eau libre, même du haut des montagnes ; le thermomètre se maintient, à l'ombre, à zéro.

Le 21, les glaces se mettent en mouvement, puis s'arrêtent. L'œil qui évite la neige ne trouve à se reposer nulle part. Le 26, ouragan et neige. Le 29, déluge de neige ; la température variait alors, la nuit de—8° à—1°.

Le 30 septembre trouve le *Victory* où l'avait laissé le 1ᵉʳ. Les voyageurs n'avaient rien gagné, que la certitude de passer encore un hiver sur cette côte. « Le havre était sûr, dit le Capitaine, beaucoup trop sûr, en vérité. Nous n'eussions pas été plus solidement garantis contre tout mouvement et tout risque d'avarie, quand nous eussions été scellés en terre entre quatre murailles. »

Nous voici pour la troisième fois au premier octobre, pour la troisième fois au milieu des glaces. Nous ne sommes pas au bout ; vous sentez-vous la force d'atteindre le dénoûment ?

TROISIÈME HIVERNAGE.

Continuons de feuilleter le journal du temps, du vent, de la température.

Octobre. — Le 1er et le 2, brouillard. Le 3, les glaces se remettent en mouvement, au large : le vaisseau se place de manière à profiter de la première occasion. Le 5, départ des glaces vers le nord. Du 6 au 8, le thermomètre, varie de—8° à—7°. Le 9, il descend à—12°; les espaces d'eau libres se recouvrent d'une glace épaisse; la dernière espérance de départ est éteinte. Les jours suivants sont employés à décharger le navire et à en faire encore une fois une maison d'hiver. Les marins commencent à se familiariser avec l'idée de partir sans lui.

Le 16, une ligne d'eau fut encore aperçue vers le nord, mais avec indifférence. « Eau libre ou glace, dit le Capitaine, tout était pour nous, à présent, la même chose.. La certitude du désappointement avait tellement paralysé toute espérance que nous n'avions plus même le tourment de l'inquiétude; par bonheur, nous avions de l'ouvrage : sans cela, qui est-ce qui nous eût préservés du désespoir ? »

Le 20, le plus haut point du thermomètre fut—18°. Le 22, le plus bas fut—25°. Le 25, un violent ouragan emporte la toiture de toile du bâtiment; un froid qui défend tout travail au-dehors empêche de la réparer. Du 27 au 29, la température se tient à peu près à—17°. Le 30, le thermomètre descendit à—21°; ce jour-là, deux rennes furent aperçus sur les lacs. Le 31, le thermomètre varie entre—23° et—8°.

L'épaisseur de la glace, à la mer, était de dix-neuf pouces. Le projet d'abandonner, au printemps, le *Victory*, et de regagner les dépôts du *Fury*, sur les glaces, afin de se rendre de là sur les barques, dans les parages des bâtiments baleiniers ou des établissements danois ; ce projet, dis-je, prenait du corps peu à peu. Le déchargement du navire et la fabrication des traîneaux, à l'ombre des barques renversées, en préparaient de loin l'exécution.

———

Novembre. — Les cinq premiers jours, rien de nouveau ; reprise des travaux des années précédentes (1). Le plus haut point du thermomètre est—6° ; le plus bas—18°. Le 6, il était vers le soir à—25° ; à minuit, à—26°. Du 13 au 19, le plus bas point à minuit fut-28° ; le plus haut pendant le jour—8°. La semaine suivante, pour la première fois, l'un des marins fut sérieusement menacé du scorbut.

Le Capitaine insiste ici sur tous les soins qui avaient réussi, jusque-là, à préserver l'équipage de cette terrible maladie. « Nous étions cependant privés, ajoute-t-il, de l'un des moyens les plus efficaces pour la prévenir ou la guérir, le pays ne produisant pas d'aliments végétaux et nos hommes n'ayant pas appris à faire usage de l'huile de poisson qui, je crois, est l'un des antiscorbutiques les plus précieux, offert par la nature aux habitants de ces climats glacés. »

Il cite entre les précautions qui avaient suppléé à l'absence des végétaux : l'attention à se fournir d'une eau abondante et fréquemment renouvelée, les précautions prises contre le port prolongé de vêtements mouillés ; les procédés employés pour le chauffage des chambres et la dessiccation de l'air ; le soin d'éviter tout refroidissement

---

(1) Entre autres améliorations suggérées par l'expérience, une couche de sable fut placée sur le tillac avant la couche de neige, pour que la neige ne fondît pas par la chaleur de l'entrepont.

subit ou continu ; une occupation de corps ininterrompue, ne fût-ce qu'une marche de long en large ; la diminution, puis la suppression totale des liqueurs spiritueuses, considérées comme débilitants ; enfin, toutes les paroles, et surtout tous les exemples qui tendent à relever et à raviver *le moral*, à stimuler, à soutenir *le physique*.

« Tout agent affaiblissant, dit le rapport du chirurgien du *Victory*, est une circonstance qui favorise le scorbut. Il ne faut donc pas s'étonner qu'un si long intervalle d'emprisonnement sans limites probables, que les plus pénibles désappointements, que des provisions quelquefois incomplètes et le manque de vêtements convenables, aient exposé la constitution d'une partie de notre petit équipage à cet ennemi septentrional. Il y eut bien des jours où le courage de nos hommes, comme la colonne thermométrique, était de bien des degrés au-dessous de zéro ; cette circonstance, jointe aux causes mentionnées ci-dessus, non-seulement amena quelques cas graves, mais annula jusqu'à un certain point tous nos efforts pour la guérison (1) ».

Le 27 novembre, le thermomètre était à —28°. Le 28, il était à —33°. Le 29, il descendit à —40°, au milieu de la journée. Le point le plus bas, dans cette dernière semaine, fut —41° ; l'épaisseur de la glace, sur la mer, était de deux pieds neuf pouces.

Six marins avaient été atteints du scorbut, mais le jus de citron avait arrêté les progrès du mal.

(1) « Je ne suis pas un avocat de la gloutonnerie, ajoute le chirurgien, mais je crois que c'est un fait qu'une abondante nourriture et une nourriture présentant les éléments qui abondent dans l'huile (l'hydrogène et l'oxigène) est dans un tel climat indispensable à la production et à la conservation de la chaleur humaine, et par conséquent une précaution indispensable contre le scorbut.

Décembre. — Le 1ᵉʳ et le 2, le thermomètre tombe à—41°. Le 3 et le 4, ouragan et neige. Le 5, la température de l'air remonte à—21°.

Le 6, le pouvoir réfringent de l'atmosphère fit apercevoir le soleil du haut d'une montagne de cent pieds environ, bien qu'il eût disparu astronomiquement, le 25, et éleva les îles pour l'œil, plus que de coutume. Suivent trois semaines d'ouragan, chassant une neige pareille à de la fleur de farine. Du 11 au 17, le thermomètre varie de—18° à—34°. Du 18 au 24, il varie entre—30° et—37°.

« Le jour de Noël, dit le Capitaine, fut une fête en tout sens. Dans le dîner des officiers le seul fait remarqué, fut qu'un rond de bœuf provenant, avec du veau et des légumes, des dépôts du *Fury*, se trouva aussi bon après huit ans de conservation que s'il fût sorti des mains du cuisinier... Les comestibles que nous avons rapportés en Angleterre, ajoute le Capitaine, sont encore, en 1835, aussi bons que lorsqu'on les prépara en 1823. Si l'on peut les garder aussi longtemps, sans le plus léger changement, sans que le civet de lièvre ou la purée de carottes perdent, le moins du monde, de leur saveur, pourquoi ces mets ne pourraient-ils pas durer à jamais, à supposer que les caisses elles-mêmes fussent éternelles? » — A ce compte, les dépôts du *Fury*, si les Esquimaux et les ours le permettent, réserveraient aux futurs antiquaires des plaisirs que les fouilles d'Herculanum ou l'ouverture des Pyramides, n'ont pas donnés · un état de la cuisine anglaise au xixᵉ siècle.

Le 31 décembre, le thermomètre, descendu les quatre jours précédents à—38°, se maintint à—32°. La glace avait alors quatre pieds d'épaisseur; l'un des événements de ces longues semaines d'ouragan et de neige, ce fut la mort de deux chiens, perte sérieuse et qui diminuait singulièrement les ressources du voyage projeté. Les progrès du scorbut

avaient été arrêtés, mais les hommes étaient visiblement
affaiblis : l'un d'eux, affecté d'une complication de maladies,
paraissait condamné à ne pas sortir de ce havre.

———

Janvier 1832. — Du 1er au 5, froid croissant ; le thermomètre redescend à—37°, puis à—40°. « Un météore très-
brillant, aussi grand que la lune et qui finit par se disperser
en étincelles, illumina toute la vallée. » Quelques jours
après, le journal mentionne une brillante aurore boréale de
couleur d'or.

Le 6, la température descend à—42° : « Mais, observe le
Capitaine, l'air étant calme, il ne fit pas très-froid. Il est
vrai, ajoute-t-il, que nous avions repris en fait de sensa-
tions, notre échelle d'hiver.

Le 10, s'éteignit le malade condamné, James Dixon. Les
outils préparés pour pratiquer un logement souterrain aux
approvisionnements que les Anglais allaient laisser, creu-
sèrent la fosse de leur camarade.

Du 19 au 21, la température se maintint entre—31° et
—33°. Le 24, le soleil fut aperçu en dépit de la neige que
chassait avec force un vent glacial. Le 28, le thermomètre
était, la nuit, à—36° ; le 29 et le 30, à—33° ; « il faisait très-
froid, dit le journal, par une forte brise du nord. » — Le
mois se termina par une température de—31°.

Ce mois avait offert trois semaines d'ouragan et de froid
âpre ; le plus haut point thermométrique avait été 22° au-
dessous de zéro. La santé de l'équipage n'offrait rien de
rassurant ; point de maladie déclarée, mais un affaiblissement général très-marqué. « Une ancienne blessure, à mon
côté, s'était rouverte, dit le Capitaine et avait saigné ; je
n'ignorais pas que c'était un symptôme de scorbut ; que
nous fussions tous dans la plus vive inquiétude, c'est ce que

l'on imaginera aisément. — Celui sur qui pesait toute la
responsabilité n'était pas, ajoute-t-il, le dernier à en souffrir.
Il faudrait commencer par se trouver dans une situation
pareille pour tenter d'apprécier ce que ressentait chacun de
nous. »

———————

Février. — Ce mois commence par un ouragan furieux
qui dure deux jours; la glace avait alors, en mer, cinq pieds
et davantage. Impossible de sortir du bâtiment du 5 au 11.
Suivent encore deux autres jours d'ouragan, après quoi le
thermomètre descendant à—37°, les hommes purent travailler à la tranchée pour les approvisionnements et se promener à terre.

Un autre ouragan referme les portes de leur prison. Le 18,
après une semaine de temps variable, la température était
la nuit de—42°. Le 19, temps froid et tempêtueux. Le 20, il
devient encore pire. « Dans la matinée, un glouton vint à
bord et se mit à dévorer la pitance des chiens. C'était une
réception bien cruelle que de tuer ce pauvre animal mourant
de faim; mais, ajoute le Capitaine avec ce sourire ironique qui annonce un homme habitué à prendre la nature
elle-même pour musée, et à l'observer vivante et libre,
c'était le premier échantillon de cette espèce de quadrupède
que nous eussions encore pu nous procurer, et peut-on
mettre la vie et le bonheur d'un animal en balance avec le
plaisir que nous avons à voir sa peau gonflée de foin, derrière le vitrage d'une armoire! »

La température la plus basse de la dernière semaine varia
de—36° à—19°, les derniers jours permirent de travailler
dehors. La glace avait six pieds d'épaisseur, ayant augmenté de seize pouces en ces vingt-neuf jours; cette épaisseur de glace ôtait tout espoir de dégager le navire; les

traîneaux pour le transport des barques étaient terminés.
L'un des marins qui avait été, pour la seconde fois, atteint
d'épilepsie, était devenu aveugle.

————

Mars. — Du 1er au 6, deux jours seulement de travail au
dehors, bien que le thermomètre fût, dans ces jours-là même,
à 41 degrés au-dessous de zéro.

Du 7 au 14, deux autres jours de travail au dehors. Les
chasseurs tirent un lièvre et plusieurs ptarmigans. Le 11,
premières traces de rennes; puis, emprisonnement rigoureux par un vent violent du nord-ouest. Du 18 au 24, autre
emprisonnement de six jours : le thermomètre, tout ce
temps, se tint entre—34° et—38°. La prise d'un renard est
le seul événement d'une semaine dont l'inaction, comme
bien vous pensez, avait été harassante.

Du 22 au 29, deux jours d'ouragan; adoucissement gra-
duel de la température. Le 28, le thermomètre remonta
à—20°; il y eut un peu de neige ; transport des approvisionnements sur le rivage. Le 29, impossible de travailler
au-dehors; préparation des sacs de peau pour lits de voyage;
construction des traîneaux pour le charriage des vivres, et
autres apprêts du départ. Le 31, la glace, percée (sous une
tente) avait sept pieds d'épaisseur; elle était augmentée de
neuf pouces. Le 31, la température, la nuit, était de 28° au-
dessous de zéro.

Pendant la première quinzaine de ce mois, la température
avait été, en moyenne, de 41° au-dessous de zéro. Dans la
seconde quinzaine, le plus haut point avait été entre—20°
et—19°; le plus bas—45°; le froid avait été plus sensible
que jamais probablement en raison de l'affaiblissement de
corps et de la diminution forcée des rations de pain et de
viande. L'équipage comptait en outre un aveugle et un
boiteux ; les rations entières furent rétablies.

La neige avait été balayée par les vents ; les montagnes
en étaient dépouillées. La chasse avait été nulle ou à peu
près ; les Anglais avaient vainement espéré la société et les
secours des Esquimaux : force était de se passer de leurs
chiens, de leurs peaux d'ours ou de rennes et de leurs magasins de saumon.

Avril. — Le 1er, un violent ouragan retient les Anglais
prisonniers. Suivent trois jours un peu plus doux, bien que
le thermomètre ne depasse pas—25° et descende même, la
nuit, à—33°. Le 7, il monte tout à coup à 4° *au-dessus* de
zéro : il y avait cent trente-six jours qu'il n'avait dépassé
le zéro du thermomètre anglais, lequel correspond à 17°
au-dessous de zéro et notre thermomètre centigrade.

Le 8, dans la nuit, le thermomètre centigrade retombe à
8° au-dessous de zéro. Le 9, matin, il était à—30°, remontant tout à coup à—18° par un temps couvert et neigeux.

Le 12, il fit doux ; le thermomètre était à—23°. Le 13, il
tomba beaucoup de neige. Du 15 au 17, travail actif au-
dehors. Le 18, froid insupportable et portes closes.

Le 19, premier mouvement pour le *retour en Angleterre.*
— Une barque, posée sur un double traîneau, fut trans-
portée jusqu'au second lac, au nord, opération qui répondit
à l'attente des travailleurs. Il s'agissait de regagner sur la
glace les dépôts du *Fury,* puis, soit avec ses barques, soit
avec celles du *Victory,* de rejoindre les baleiniers de la baie
de Baffin ou du dédroit de Davis. L'état des glaces et la pro-
longation d'un tel hiver, ne laissait pas l'espérance de
revoir en quinze jours d'été cette mer, même dans l'état où
le *Victory* l'avait trouvée en 1829.

Du 20 au 23, le travail est empêché par la neige et une
température de—32° ou—33°.

Le 23, repris‑ du transport des barques. Une barque rejoint la première; le fardeau, partagé entre elles deux, sur une glace raboteuse, donne un progrès d'un tiers de lieue pour cinq heures de travail. Ce travail est ensuite arrêté par un vent glacial qui chasse une neige abondante. Les voyageurs se construisent, à la manière des Esquimaux, des huttes de neige, qu'ils recouvrent de toiles. « Au moyen de nos lits de peau de renne et de notre cuisine portative, dit le Capitaine, notre troupe de quatorze hommes se trouva commodément, bien que la température de notre appartement ne fût que de—15°, étant de—33° au-dehors. Comment des hommes peuvent-ils s'endormir par un tel froid? »

Le lendemain 24, la barque, traînée enfin jusqu'à la mer, fit sept milles sur une terrasse de glace plus unie, après quoi les travailleurs revinrent à la barque qu'ils avaient laissée en route. Le 25, elle arrive à l'endroit où l'autre était parvenue la veille. Le tout est ensuite conduit un peu plus loin. A huit heures du soir, nouvelle hutte à construire. « Notre souper, dit le Capitaine, était tellement gelé, qu'il nous fallut le couper avec une scie. Nous fûmes obligés de mettre notre viande dans notre chocolat bouillant, pour ménager le combustible. Une neige abondante, chassée par un vent violent, enterra presque entièrement notre hutte, et nous eûmes le chagrin de voir notre route obstruée par des rochers élevés au-dessus de la glace, dans la mer : rochers sur lesquels les glaces s'étaient accumulées à une hauteur de cinquante pieds.

Le 26, les voyageurs sont emprisonnés dans leur hutte par un ouragan furieux. Le 27, il leur faut un travail de deux heures pour faire trois cent mètres sur la glace de la mer : ils font ensuite deux milles sur une terrasse de glace unie, qui borde la côte, dont elle leur fait suivre toutes les sinuosités.

« Cette terrasse manquant, dit le Capitaine, notre seule ressource fut de tirer nos traîneaux sur le rivage et de chercher quelque endroit qui nous permît de continuer le voyage par terre. Avec beaucoup de peine et en ne prenant qu'un traîneau à la fois, nous finîmes par réussir à passer trois montagnes qui gardaient assez de neige gelée pour nous aider. » Là, nouvelle hutte à construire, et repos.

Le 28, un ouragan arrête le voyage : autre plus terrible encore le 29. Les voyageurs sont forcés de laisser leurs barques et de revenir au bâtiment.

« Le résultat total de ce voyage, dit le capitaine Ross, fut que nous avions marché *cent dix milles* et que nous n'étions avancés, en réalité, que de *dix-huit*. Il nous fallait recommencer ce trajet trois fois encore, pour que nos bagages fussent arrivés à ce même point, dans un voyage qui devait être en tout de *trois cents milles*, bien que la distance réelle ne fût que de *cent quatre-vingts*. »

Les détails de ce départ caractérisent aussi fortement, ce me semble, les difficultés d'un voyage à pied dans ces climats, que les détails de l'arrivée du *Victory* caractérisaient les embarras de la navigation au milieu des glaces. Vous commencez, je pense, à connaître le pays.

Mai. — Le premier jour de ce mois fut doux, le thermomètre variant entre —18° et —6° ; second voyage du Capitaine, de son neveu et de dix autres Anglais, seuls en état d'en supporter les fatigues ; un traîneau casse dans le chemin. Le 7, deux barques, des provisions pour cinq semaines, sans compter un autre approvisionnement de vivres pour dix jours, étaient à la dernière station. Les dépôts des deux

barques n'avaient été attaqués par aucun animal, en ces
solitudes. Du 8 au 10, trois jours de vents violents et de
neige. Les voyageurs ne peuvent sortir de leur hutte. Le 11,
retour au vaisseau, à travers la neige amoncelée par le vent.
Le thermomètre, pendant le jour, s'arrêta presqu'à zéro ; à
la nuit, il était à 7° au-dessous. Le 12, transport d'une
barque, précédemment laissée en route. Le 13, autre opération pareille. Le 14, reprise de deux traîneaux, malgré
la fureur d'un ouragan qui s'élève à mi-chemin, et la mise
hors de service de deux travailleurs, aveuglés par la neige.

Le 15, mêmes travaux continués de nuit. Le 16, progrès de *huit milles*. Le 17 et le 18, deux transports, chacun
de *seize milles*. Le 21, retour au vaisseau.

Une semaine est nécessaire pour réparer les traîneaux et
remettre les travailleurs en état de les tirer. Trois cent
vingt-neuf milles avaient été parcourus pour en gagner
environ *trente* en ligne droite. Deux barques, avec des provisions pour cinq semaines, avaient été portées à cette
distance du vaisseau, en un mois de travail.

Le 22 et le 23, grand vent du nord et neige. Le 24, départ
d'un traîneau de vivres. Le 25, construction d'un nouveau
traîneau ; la neige fondait rapidement. Le 27, le thermomètre était à minuit à 5° au-dessous de glace : il avait
monté, pendant ce jour, à 4° au-dessus.

Le 28, préparatifs du départ définitif. « Les chronomètres
et instruments astronomiques, qui valaient la peine d'être
conservés, mais que nous ne pouvions emporter, furent
cachés, dit le Capitaine, avec un peu de poudre, dans la
tranchée que nous avions faite. Les mâts, les voiles, les
agrès, furent mis à terre avec le *Krusenstern*.

» Le 29, nous avions mis sur le rivage tout ce qui pouvait nous servir en cas de retour, ou, dans tout autre cas,
être utile à nos nouveaux amis. Le pavillon fut donc hissé

et cloué au mât ; nous saluâmes notre pauvre navire avec
le verre du départ, et, après que tout le monde en fut sorti,
le soir, je dis adieu, pour mon compte, au *Victory*, qui
méritait un meilleur sort. C'était le premier vaisseau que
j'eusse jamais été forcé d'abandonner, après avoir servi sur
trente-six navires, en quarante-deux ans. C'était comme
une séparation d'avec un vieil ami, et je ne passai pas le
coin de rocher où il cessa d'être visible, sans m'arrêter pour
prendre une esquisse de ce désert attristant, rendu plus
attristant encore par cet abri de nos dernières années,
maison solitaire, abandonnée, désespérée, restée là scellée
dans la glace immobile jusqu'à ce que le temps eût achevé
sur elle son ouvrage. »

Le 31 mai, le thermomètre était encore à zéro. De tous
côtés, des glaces unies ou rocheuses couvraient la mer. « Il
semblait qu'il ne dût jamais y avoir une seule goutte d'eau
dans ces parages. » Cette pensée venait aux voyageurs
comme une approbation secrète du parti qu'ils avaient pris
à l'égard du navire, quand leur revenait, comme un reproche, le souvenir de ses bons services ; puis la dernière
image que leur avaient offerte, après l'adieu, sa contenance
morne et silencieuse, ses mâts raidis et dénudés, ses drapeaux immobiles.

———

Juin. — L'espace me manque pour énumérer une à une
les difficultés du retour. Ce n'est que le 8 que nos voyageurs atteignent les deux barques précédemment transpor-
tées à trente milles. Là, du haut d'une montagne, la glace
leur paraît si mauvaise, qu'ils renoncent à l'idée de les
transporter plus loin. Le 10, ils disent adieu à leurs barques
et partent avec trois traîneaux très-pesamment chargés de
vivres, d'outils, de vêtements. Le reste avait été mis en
dépôt sous les barques renversées, en cas de retour.

Le 12, départ du commandant Ross avec deux autres hommes emmenant un traîneau et des provisions pour quinze jours, dans le but d'atteindre sans retard les dépôts du *Fury*, et avec ordre de laisser une note sous un tas de pierre, à chacune de leurs haltes. Le Capitaine avait supposé qu'ils feraient *quinze milles* (trois lieues) par jour, tandis que l'équipage n'en ferait guère que de sept à huit, privé surtout du secours de ses trois meilleurs marcheurs, obligé du reste, avec les traîneaux chargés, de prendre des détours, où le traîneau du Commandant suivrait la ligne droite.

Le 18 juin, les voyageurs trouvent, pour la première fois, de l'eau à boire. Le 19, après trois jours de neige, la terre en est aussi couverte qu'au cœur de l'hiver ; le thermomètre redescend à 4° au-dessous de zéro. Toutes les flaques d'eau sont recouvertes de glace et les voyageurs sont de rechef obligés de demander au feu leur boisson. Le 25, retour du commandant Ross : excellentes nouvelles des dépôts du *Fury ;* la mer avait seulement avarié l'une de ses barques.

Le 27, toute la petite troupe arrive au cap *Garry*, après plusieurs marches forcées, malgré le vent et la neige. Le thermomètre était à zéro. Le 29, la glace était couverte de deux pieds d'eau. « C'était une nouveauté, bien qu'elle ne fût pas très-agréable ; nous avions souvent de l'eau jusqu'aux genoux. » Cette eau provenait des fontes de neige des hauteurs voisines.

Le 30, sous l'action du soleil sur la neige, l'aspect du pays changeait d'une heure à l'autre ; mais, en mer, la glace paraissait aussi ferme et aussi continue que jamais. A midi, le thermomètre était à 8° au-dessus de zéro, mais il retomba à zéro, à minuit ; quelques canards sauvages avaient été tués en ces derniers jours.

Juillet. — Le 1er de ce mois, l'eau découlait enfin des larges fentes de la glace. « Trois ravins que nous rencontrâmes, dit le Capitaine, versaient à la mer leurs torrents. Nous dressâmes nos tentes auprès de l'un d'eux; nous trouvâmes aussi près de là un tonneau de farine que la mer y avait amené ; la dernière partie de notre voyage fut extraordinairement pénible à cause des masses de glace engrenées les unes dans les autres et entassées sur le rivage à des hauteurs énormes qui attestaient assez quelle force les y avait poussées. Nous les dépassâmes enfin toutes et parvînmes à la pointe du *Fury* à dix heures.

» Nous étions encore une fois chez nous pour quelque temps du moins, quel que fût ce *chez-nous* et quelle que dût être la durée de notre séjour. »

Le mois de juillet fut employé à reconnaître les dépôts, à préparer les provisions du voyage, au transport et à la réparation des lourdes barques d'acajou du *Fury*, mais surtout et d'abord à la construction d'une maison. Cette maison, bâtie en bois, ayant trente-et-un pieds de long, seize de large, sept de haut, fut terminée dès le 4, et nommée la *maison du Somerset*, nom précédemment donné par Parry à cette côte, *Somerset-House*. Elle était partagée en deux chambres, l'une desquelles était subdivisée en quatre cabinets pour les officiers.

Le 4, tomba la première pluie de la saison. Le 5, neige, puis vent froid et gelée, le plus haut point du thermomètre était—1°; le plus bas, —2°. Du 9 au 15, la température se maintint, la nuit, à zéro.

Du 16 au 21, un seul jour de pluie, gelée toutes les nuits; du haut d'une montagne de mille pieds, la mer n'offre de toutes parts qu'une masse de glace solide.

Du 22 au 31, le thermomètre remonte enfin la nuit de 4° au-dessus de zéro; pour tout événement, quelques coups de fusil aux oiseaux de mer. Le 29, les glaces commencent à se rompre. Le 31, l'on aperçoit quelques espaces d'eau navigable. La température la plus basse de ce mois avait été—5°; la plus haute, +10°; l'équipage remis à la ration entière, aux dépens du *Fury*, avait repris *force et courage.*

Août. — Le 1ᵉʳ, à quatre heures du soir, les Anglais disent adieu à la maison qu'ils viennent de bâtir : trois barques les emportent avec des provisions pour deux mois, à travers les canaux tortueux que les glaces leur offrent : à neuf heures, halte forcée, sous le rocher même où le *Fury* échoua ; les barques sont déchargées à la hâte et tirées sur le rivage.

« Il n'y avait pas une minute de trop, dit le Capitaine ; car les glaces arrivèrent sur-le-champ ; et, près de nous, deux champs de glace furent par elles mis en pièces avec fracas ; leurs débris formèrent une chaîne de rochers le long du rivage. La distance que nous avions ainsi parcourue était de huit milles et, par une singulière coïncidence, nous échappions à ce péril, non-seulement à l'endroit où se perdit le *Fury*, mais le jour même où ce malheur était arrivé huit ans auparavant. »

Nos voyageurs restent là, sous bonne garde, emprisonnés par des glaces que la marée ne peut rompre ; la pluie détache des pierres des rochers ; l'une d'elles fracasse le mât de l'une des barques. « Les énormes débris trouvés au pied de cette montagne, nous faisaient assez sentir, dit le Capitaine, combien le voisinage de ces rochers de 470 pieds était dangereux. »

Le 3, pluie et neige ; la nuit, le thermomètre est à zéro. Le 4, même ciel couvert. Le 5, la glace redevient immobile. Le 6, jour de dégel, le départ devient possible ; l'occa-

sion est saisie au vol ; les barques, font quelques milles le
long de la côte. Toujours mêmes dangers de la part des
rochers ; impossible de décharger les fusils de peur d'ébranler
et de détacher les roches pendantes. Le 7 et le 8, les voyageurs sont emprisonnés de nouveau. Le 9, ils naviguent
deux heures durant, puis sont arrêtés par une barrière de
glace ; le plus haut point du thermomètre, dans la journée, était 1° au-dessus de zéro, et la nuit, 1° au-dessous ; était-ce la fin du dernier hiver ou le commencement
de l'autre ? Autre tentative. Le 11, sans plus de succès ; les
voyageurs sentent la nécessité de revenir sur leurs pas. Le
12, ils n'ont même plus la liberté de battre en retraite,
emprisonnés par la glace et la neige. Des renforts de provisions furent cherchés aux dépôts du *Fury*.

Le 18, le thermomètre tomba, la nuit à—1°. Le 21, il
descendit à près de—3°. Le 22, la nouvelle glace avait deux
pouces d'épaisseur : « on entendit une baleine, mais sans la
voir ; » pour sentir ce que signifiait pour nos voyageurs cette
simple remarque, il faut savoir que leurs tentes étaient
restées, avec leurs bagages, sur leurs barques emprisonnées,
qu'ils y passaient eux-mêmes la nuit, et que le mouvement
d'une baleine eût suffi pour les renverser avec leur prison.
L'eau d'une cascade voisine, dispersée par le vent, les entourait d'un brouillard ; le froid l'arrêta bientôt.

Le 25 août, la température de l'air était à près de—2°.
Le 26, elle était à—4°. Le 27, un canal fut ouvert à perte de
vue, le long de la côte, par un fort vent du nord ; la nuit,
par un ouragan furieux, le thermomètre était au-dessous
de—3°. La cascade était gelée ; plus d'eau à boire sans
combustible. Les 28, départ malgré les coups de vent ; à
minuit, les barques atteignent la baie d'*Elwin ;* à un mille
au nord, les tentes sont dressées, par un déluge de neige
qui couvre bientôt toute la terre.

Le 29, à quatre heures du matin, nos voyageurs sont à la mer, toute la journée à la merci des champs de glace flottante, par une température qui varie de—1°à+2°. Ils passent la nuit dans leurs barques, puis, obligés de regagner le rivage, tirent les barques sur la glace de terre : grande et pénible besogne, vu leur lourdeur. Ils aperçoivent un grand nombre de veaux marins et trouvent quelques huttes d'Esquimaux ; du haut d'un rocher, la mer ne leur montre au nord qu'une masse de glace ; leur seule récréation est de surveiller cette masse solide et d'épier ses mouvements. A peine voyait-on quelque apparence de végétation.

Les deux degrés extrêmes de la température, en ce mois d'août, avaient été—6° et+5°.

Septembre. — Le 1er, nos voyageurs sont retenus à terre sous leurs tentes par un ouragan, et pour toute distraction, aperçoivent quatre baleines noires et plusieurs baleines blanches. Le 3, du haut d'une montagne voisine, le Capitaine voit les deux côtés du *détroit de Barrow*. « C'était, dit-il, un champ de glace sans rupture ; il ne s'y apercevait pas même une mare d'eau ; tout y était précisément de même que le 31 août 1818.

Le 4, le froid augmente. Le 6, le thermomètre descend à 9° au-dessous de zéro. Le 8, le plus haut point fut—8° ; le plus bas, —11° ; rien de changé dans la masse de glace. Du 9 au 11, rien de nouveau. Le 12, du haut d'une montagne, les voyageurs découvrent la baie de *Lancastre*, le détroit de *Barrow*, le détroit du *Prince-Régent*, partout de la glace ; une seule ligne d'eau est aperçue près de l'isthme voisin des îles de *Léopold*.

Du 16 au 18, le thermomètre descend, la nuit, à—6° ; il ne monte pas le jour au-dessus de zéro ; les seuls événements sont quelques coups de fusil aux ptarmigans, et la prise de deux renards. « Au commencement de notre séjour en ce pays, dit le Capitaine, nous faisions fi de la chair de renard, mais, nous la préférons maintenant à toute autre viande. »

Le froid avait fait entourer les tentes d'une enceinte de neige. Le 19, le froid augmente ; le thermomètre descend à—7° et ne remonte pas au-dessus de—3°.

Le 20, les barques se fraient un chemin, à travers la glace nouvelle, jusqu'à l'entrée du détroit de Barrow, puis reviennent à l'endroit du départ; il était temps : quelques minutes après, les glaces se précipitaient avec une effroyable violence contre la côte.

Suivent deux jours d'emprisonnement; le thermomètre était à 2° au-dessous de zéro. Le 24, plus d'espérance. Il ne restait plus qu'à revenir à la pointe du *Fury* ; un canal s'ouvre fort à propos pour le retour des barques : elles défilent une à une entre les glaces de la mer et celles de la côte, sur une eau qui laisse à leurs flancs deux pouces de glace ; les voyageurs passent une nuit froide et pénible sur leurs barques, près la baie d'*Elwin*.

Le 27 septembre, les tentes sont dressées sur la glace : le thermomètre était, le matin, à—7°. Le 28, départ à travers la glace nouvelle ; puis ouragan ; halte forcée près des blocs de glace du rivage.

« Par malheur, dit ici le Capitaine, nous étions sous le plus terrible rocher que nous eussions encore vu, à deux milles du cap nord de la baie de *Batty* ; il n'y avait que six pieds de distance entre notre position et des masses suspendues qui s'élevaient de cinq cents pieds au-dessus de notre tête. Un vent d'est poussa la glace vers nous le lendemain, et nous fûmes retenus là prisonniers. Notre seule consolation fut de tuer trois renards et plusieurs mouettes; nous étions alors réduits à la demi-ration. »

Ce mois avait été, comme plus d'un de ses prédécesseurs, un mois d'amer désappointement, et léguait à nos voyageurs un quatrième hiver à passer dans ces régions.

Octobre. — Les premiers jours sont employés à tirer les barques sur le rivage et à les y mettre en sûreté pour l'année suivante; puis aussi à construire des traîneaux pour reporter *à la maison,* les tentes et les provisions nécessaires au trajet; neige, froid de—7°. Un traîneau casse sur trois; le pauvre boiteux est traîné sur un tonneau vide. Le 6, autre difficulté: les voyageurs trouvent le chemin coupé par une barrière de glaçons accumulés sur les rochers du rivage; toutefois, le soir, ils n'étaient plus qu'à huit milles du but.

« Enfin le 7, à trois heures de l'après-midi, nous atteignîmes notre maison, dit le Capitaine; nos fatigues étaient à leur terme et nous étions encore une fois *chez nous.* Nous trouvâmes notre demeure occupée par un renard qui déguerpit au plus vite. Tout y était dans le même état qu'à notre départ; deux d'entre nous avaient fortement souffert de la gelée et j'avais moi-même la jambe atteinte. »

QUATRIÈME HIVERNAGE.

Nos voyageurs avaient encore une fois un *hiver arctique* devant eux. Dès le 10, tout travail au-dehors était impossible. Un ouragan qui dura plus d'une semaine, plus furieux qu'aucun des précédents, mit vainement les glaces en mouvement: une heure de gelée effaçait toute tache d'eau. Le 12, le thermomètre tomba à—13°; la température des chambres, la nuit, n'avait pu être encore élevée au-dessus de—7°. « Le 13, dit le Capitaine, notre toiture en toile à voiles étant à demi-enlevée par le vent, la neige tomba jusque dans nos lits et tout fut gelé autour de nous ; nous eûmes bien de la peine à conserver un peu de chaleur, en nous serrant autour du poêle. » Ce jour-là, trois renards furent pris dans les trappes.

Le 18, le thermomètre descend à—18°. Le 22, il tombe à —23°. Un second poêle maintenait alors la température de l'intérieur à+10°. Un mur de neige de quatre pieds d'épaisseur et une couche de neige sur la toiture soutenue par des poteaux, contribuaient à garantir du froid extérieur ; l'air qui alimentait les poêles y était amené par un tuyau à travers les murs. Une sorte de préau, entouré de murs de glace, permettait quelque marche au dehors à l'abri du vent.

Du 23 au 27, la fureur de l'ouragan tient les voyageurs sous les verroux. Le 31 octobre le thermomètre était à 27° au-dessous de zéro.

Les Anglais (ceux du moins qui, malgré tant de décourageantes épreuves, persistaient à voir les choses par leur meilleur côté) comptaient entre leurs bonheurs d'être arrivés au *Somerset-House* avant les terribles ouragans de ce mois et d'avoir trouvé, à leur arrivée, une maison toute faite ; ils n'oubliaient sans doute pas non plus l'inappréciable rencontre des provisions en bois, charbon et vivres du *Fury* ; le capitaine Ross, va même ici jusqu'à se louer de l'indocilité tant maudite de sa machine à vapeur. « Sans ses défauts, dit-il, nous eussions pu aller si loin, que nous eussions bien pu ne pas revenir. »

Les voyageurs trouvaient en abondance autour de leur maison de la farine, du sucre, des soupes, des pois, des légumes, des fruits confits, du jus de citron ; les rations consistaient alors en une soupe, alternativement aux pois, aux carottes et aux navets, en *dumplings* ou pâte bouillie, au lieu de pain, et une livre de viande conservée ou salée ; le tout, pris sur le garde-manger du *Fury*.

Novembre. — Du 1ᵉʳ au 4, ouragan du nord et neige. Cet ouragan, comme les précédents, chasse les glaces avec violence et montre aux voyageurs, comme un appât ironique, de grands espaces d'eau libre. Le 7, le thermomètre était à 37° au-dessous de zéro ; suivent deux jours d'ouragan, qui lancent les glaces vers le sud.

Le 2, autre grand vent et neige après un jour de calme. Le 3, le thermomètre était à—38°, le soleil se montre pour la dernière fois, le 15. Ce jour-là, le thermomètre remonte subitement à—23°.

Le 6, ouragan plus terrible que jamais ; la mer est libre à perte de vue au nord-est : entièrement gelée le lendemain, et recouverte de neige. Un *ventilateur* fut disposé à l'intérieur des chambres pour en renouveler l'air, sans trop de refroidissement. Le 22, un loup reçoit une balle, mais échappe aux chasseurs ; le journal du voyage mentionne un bon nombre de loups blessés ainsi, par les froids les plus rigoureux, mais n'en cite pas un de tué.

Le reste du mois, un vent d'ouest modéré tient les glaces en mouvement. Le 30, le thermomètre était à—35° ; la plus haute température de novembre avait été—22° ; l'équipage ne comptait plus que deux malades : le boiteux et le charpentier.

———

Décembre. — Le 2, ouragan. Le 4, le mercure est gelé ; du 4 au 8, ouragan et neige ; les glaces avancent et reculent.

Le 12, autre ouragan ; rupture des glaces, bientôt réunies par une glace nouvelle.

Du 16 au 22, ciel pur et vent modéré ; thermomètre à 41° au-dessous de zéro. Du 23 au 26, vent, froid excessif, emprisonnement. Les Anglais fêtent Noël, cette fois, avec de la chair de renard et de l'eau de neige ; le mois et l'année se terminent par un froid de 40° au-dessous de zéro, et par un

coup de vent qui dégage la mer à perte de vue au nord-
nord-est. « Augmentant la masse de neige et de glace au
dehors et couvrant de bois le plancher des chambres, nous
rendîmes, dit le Capitaine, notre habitation supportable.
Une demi-douzaine de renards fournit quelques provisions
de luxe à nos jours de régal. »

Janvier 1833. — Le 1ᵉʳ, la température varia de—36°
à—38° ; le calme de la première semaine permit à l'équipage de prendre quelque exercice au dehors. Du 6 au 11,
un seul jour de forte brise et de neige. Du 20 au 26, ouragans passagers et mouvement des glaces. Le 27 et le 28,
ouragan. « Le 29, le limbe (la partie) supérieur du soleil
fut aperçu à *onze heures un quart ;* à *midi* nous vîmes, dit le
Capitaine, les trois quarts de son disque, et il se coucha à
une heure et demie ; c'était la première fois que nous le
revoyions depuis soixante-quatre jours. »

Le thermomètre remonta, le 30, à—23° ; le 31, à—20° ;
c'était un grand changement en peu de jours ; les deux
points extrêmes de la température, en ce mois, avaient été
—20° et—42°, le poids de l'ennui augmentait ; se chauffer,
était presque la seule occupation ; point de livres, peu de
marche.

Février. — La première semaine de ce mois contraste avec
la dernière de janvier. Un ouragan ferme les portes de la
maison ; le mercure gèle ; le thermomètre descend même à
près de—43°.

La seconde semaine fut la plus froide que nos voyageurs
eussent jamais eue : la température variant entre—42° et
—49°. Le 16, mourut le charpentier ; ses camarades eurent
bien de la peine à lui ouvrir la terre. « C'était, dit le Capitaine, la première de nos pertes que l'on pût avec justice
attribuer au climat et à notre position. » Chacune des stations
des voyageurs avait eu son mort en tribut ; au *Havre-Felix,*

l'armurier; au *havre du Shériff*, le matelot Dikson; à la côte
de *Somerset*, le charpentier.

Du 24 au 28, adoucissement subit de la température; de
—37° le thermomètre remonte à—21°, puis à—17°; il redescend ensuite à— 30°.

Mars. — Première semaine, ouragan et neige; de grands
espaces d'eau libre se font voir. « Le mugissement des
glaces était effrayant. » Le 2, le thermomètre descendit
à—40°. Le 4, à—41°. Le 7, on aperçut deux rennes. Le 8
et le 9, la température était de—31°.

Les voyageurs voient ensuite, à leur grande surprise, le
thermomètre remonter, le 10, à—17°; puis, le 11, à—15°.
Suivent encore deux jours d'ouragan, après quoi la mer
n'est plus qu'une plaine de glaces rocheuses. Le 17 et le 18,
neige; le thermomètre est à—20°.

Du 24 au 26, ouragan et neige; froid vivement senti; le
thermomètre redescend à—36°. Les points thermométriques
extrêmes, dans ce mois, avaient été—15° et—42°. Des ouragans très-violents et presque continuels avaient tenu l'équipage à la chambre et singulièrement affaibli sa santé. Deux
malades, atteints du scorbut, étaient dans un état à peu près
désespéré, deux officiers étaient très-souffrants.

« Nous étions tous excessivement las de notre misérable
maison, dit le capitaine Ross; elle nous avait fait plaisir à
revoir, à notre retour de la baie de *Batty*, par le contraste
avec ce qui était pire : elle nous avait reçus fatigués, sans
abri, à demi-mort de faim, et elle nous avait au moins
fourni paix et repos; mais la nouveauté de ce sentiment
était depuis longtemps usée; depuis longtemps aussi les
jours s'écoulaient sans aucune différence qui leur servît de
marque, chacun d'eux plus engourdissant que celui qui
l'avait précédé, et la nuit venant seulement nous dire qu'un
jour pareil nous arriverait le lendemain. Les tempêtes elles-

mêmes étaient sans variété au milieu de cette éternelle
identité de neige et de glace. Rien à voir au-dehors, quand
nous pouvions soutenir la vue du ciel, et, au-dedans, nous
en étions encore à chercher la variété et de l'occupation,
sans trouver ni l'une ni l'autre.

» Après tout, c'est à ceux sur qui pesait la responsabilité
que ce fardeau de l'ennui était le plus léger; car, tout intérieur qu'il fût, il y avait pour eux du mouvement. Les
plans et projets dont ils remplissaient par avance les mois
à venir, étaient une sorte d'action, bien qu'il y eût bien au-
delà du temps nécessaire pour cela. Une partie de notre
tâche étant de compléter les copies de notre journal,
quelques tristes heures se passaient à nous communiquer et
à noter nos souvenirs sur les naturels avec qui nous avions
été si longtemps en rapport.

Avril. — Première semaine, neige; température de —23°,
puis temps variable. L'équipage, sorti de prison, aperçoit
les premières gelinottes et deux ours. Le 5 et le 6, le thermomètre remonte à —15°; les jours suivants, il s'élève à —3°;
les Anglais voient deux ours et deux oursons; un ours mâle
est tué. Du 13 au 14, un ouragan referme les portes du
Somerset-House; le thermomètre redescend à —30°.

Le 19, premier envoi de provisions à huit milles de la
maison sur un traîneau. Du 21 au 24, autres envois pareils.
Le 24, un second ours est tué. Son estomac, ouvert, contenait le pain qu'il avait trouvé près de la maison, et rien
autre chose. La graisse de ces deux ours était un précieux
combustible, et leurs peaux avaient leur prix. Le 25, autre
voyage : les hommes reviennent avec des maux d'yeux qui
interrompent les opérations. Le thermomètre était, le 16.
à —20°; le 27, à —8°. Le soleil avait alors de la force. Le 29,
autre voyage. Le 30, ouragan. Points extrêmes, —7°, —31°.

Des provisions pour trois mois étaient alors en dépôt, à

huit milles, sur le chemin des barques : elles avaient encore vingt-quatre milles à faire pour les rejoindre.

Mai. — L'ouragan du 30 avril dura jusqu'au 7 mai ; le thermomètre variant de —19° à —23°. Les Anglais eurent à peine quelques heures de liberté et blessèrent deux ours.

Le 8, départ. Le 9, arrivée au premier dépôt. Le 10, trois traîneaux, chacun avec deux tonneaux de pain, parviennent à la seconde station et reviennent à vide à la première. Le quatrième voyage eut lieu le 13.

« En général, dit le Capitaine, pour transporter nos provisions d'une station à l'autre, il nous fallait quatre voyages : ce n'étaient pas tant les moyens de transport que les bras qui nous manquaient ; et il nous fallait en outre charrier sur des traîneaux les hommes qui étaient trop malades pour marcher. Ce ne fut donc que le 24 que nous arrivâmes aux barques avec notre premier convoi. Nous ne les retrouvâmes qu'avec peine, tant la neige qui les recouvrait avait d'épaisseur. Une journée se passa à les mettre à découvert et à mettre les provisions en sûreté. »

Le 29, malgré la neige abondante et le froid très-vif des dernières nuits (les voyageurs avaient été obligés, comme en d'autres occasions, de faire de la nuit le jour), le 29, toutes les provisions étaient aux barques, près de la baie de *Batty*. Un ours fut tué ce même jour ; la chasse de ce mois avait fourni à la table des voyageurs une douzaine de renards. Ils avaient aperçu deux ou trois mouettes et quelques ortolans de neige, mais pas une seule gelinotte. Les dernières semaines avaient laissé une grande fatigue : les malades n'allaient pas mieux. Les deux tiers de ration étaient assurés par les derniers transports jusqu'au 1er octobre. Après tous ces préparatifs, il devait rester peu de chose à emporter du *Somerset-House*, lors du départ définitif : de là la possibilité de saisir, sans retard, le premier moment favorable. Il ne restait plus qu'à attendre.

Juin. — Les premières semaines furent très-mauvaises. Un vent du nord très-violent chassait beaucoup de neige ; à la fin cependant la température s'adoucit un peu et le thermomètre remonta à—1°. Le soleil mit à nu quelques rochers. Un ours fut tué le 10. Le 11, première pluie de l'année, changée bientôt en neige. Le 12, des flaques d'eau sont aperçues sur la glace. Le 15, le plus haut point du thermomètre, pendant le jour, est de 11° au-dessus de zéro ; c'est à grand'peine s'il descend encore la nuit à zéro.

Du 16 au 22, fonte graduelle des neiges. Les oiseaux d'été paraissent enfin ; la chasse d'un seul jour fournit à la table deux douzaines de canards et une oie.

Du 23 au 29, divers transports de provisions sur la neige fondante ; les veaux marins lèvent la tête hors de la glace ; on découvre des traces de rennes ; les chasseurs rapportent quarante guillemots. A la fin de ce mois, la température variait entre 0° et+5°.

Juillet. — Le 1ᵉʳ, temps variable et généralement froid : neige ; le thermomètre ne s'élève pas au-dessus de zéro. Il n'y avait plus d'autre viande à la maison que celle qui était au bout des fusils « La maison fut réparée, dit le Capitaine, pour le cas où nous serions obligés d'y revenir et d'y passer l'hiver suivant, bien que nous eussions été en peine de dire de quoi nous aurions subsisté si pareil malheur nous fût arrivé...

» Le 6, une avalanche de glace, précipitée du haut des rochers pendants de la côte, pêle-mêle avec les roches détachées et les torrents d'eau, fut pour nous un nouveau spectacle, et, dans notre disette d'événements, il eût été intéressant, alors même qu'il eût été moins splendide. Tombant dans la mer, cette masse fit tout céder devant elle, brisant

au loin la glace unie, et nous montrant, si ce'a eût été
nécessaire, comment les montagnes de glace se trouvent
souvent couvertes de fragments de roches et de couches de
terre... Tout était inattendu, instantané ; la haute montagne
de glace, qui avait si longtemps menacé notre tête, était
partie avant que l'on eût pu crier *gare*. On ne l'avait pas
vue bouger quelle était déjà plongée dans la mer, non pas
dans une mer d'eau, mais dans une mer de glace, brisant
comme verre ces terrasses de cristal, qui nous avaient si
longtemps tenus captifs, dispersant leurs fragments au loin,
avec un bruit plus formidable que le tonnerre, et plus longtemps répété, jusqu'à ce que tout rentrât dans son immobilité première, l'immobilité de la mort, laissant seulement
une nouvelle montagne au milieu des flots, en souvenir de
cette catastrophe, autant que peuvent durer des monuments
que fond le soleil et que les courants mettent à flot, les
entraînant en des régions étrangères. »

Le 8, au soir, après un adieu sans regret, les trois traîneaux se dirigent vers les barques. Le 9, avant midi, ils
étaient à leur première station : le thermomètre était à +8°.

« A trois heures de l'après-midi, dit le Capitaine, nous
nous remîmes en marche, avec une fatigue infinie, à travers
des chemins presque impraticables, rendus plus difficiles
encore par les soins que réclamaient nos malades. »

Le 10, par un chemin aussi mauvais, sinon pire, et sous
un soleil parfois brûlant, ils arrivent avec le bagage à la
troisième station. Le journal du Capitaine mentionne ici de
l'oseille trouvée près d'un étang. Les malades avaient été
laissés à la seconde station et nécessitaient un autre voyage
de douze milles pour aller, et douze milles pour revenir. Les
guillemots fournissent le déjeuner de l'équipage.

Le 12, à huit heures du matin, hommes et bagages,
étaient à la baie de Batty : les ours et les renards y avaient

commis quelque dégât, ayant dévoré du pain, du sucre, de l'huile, et toutes les bottes qu'ils avaient pu trouver. Même à minuit, le thermomètre était à 8° au-dessus de glace.

Le 16, premier mouvement des glaces. Le 17 et le 18, pluie continuelle. Les dernières semaines de juillet présentent une alternative de pluie, de vent, de brouillards, toutes circonstances désirées et bien venues. Les glaces se séparent en pleine mer ; mais les côtes restent bloquées.

Le 30, le rivage était libre ; mais un épais brouillard ne permettait aucune tentative. Le 31, pluie et grésil ; les pierres commençaient à tomber du haut des rochers sur les barques alors à la mer, et que le vent retenait seul. Un des matelots fut même sérieusement blessé par l'une d'elles.

Ce mois était le meilleur que nos voyageurs eussent eu depuis bien longtemps. Le mois d'août allait-il tenir les promesses de juillet? Les Anglais, sans ressources pour un cinquième hiver, n'osaient pas en douter.

Août. — Du 1er au 15, temps variable; un vent du nord-est accumule les glaces sur la côte. Le 3, les barques essaient de doubler la pointe sud de la baie de *Batty*, et sont obligées de revenir sur leurs pas. La seule occupation des heures d'attente est la chasse aux oiseaux de mer. « Mais, dit le Capitaine, la meilleure occupation, je crois, pour une troupe de pauvres diables affamés que nous étions, c'était de manger le gibier, non de le tuer. Le matin, on se levait avec l'espoir d'un bon souper... »

Un long usage de ce climat avait amené les Anglais à comprendre parfaitement, à partager des goûts qui les avaient tant surpris dans leurs hôtes. Les choses qui les avaient révoltés ou divertis, en janvier 1830, au *Havre-Felix*, leur paraissaient toutes simples, point trop repoussantes ni trop ridicules, à la baie de *Batty*. « Manger pour dormir ; dormir, regagner des forces pour chercher a manger, » ce

résumé de la vie des Esquimaux, était devenu peu à peu le
résumé de la vie de nos voyageurs.

« Le 14, dit le Capitaine, l'espoir devint anxiété. Un
canal d'eau libre avait été pour la première fois aperçu, qui
conduisait au nord. Bien peu dormirent, sous l'impression
des événements que le jour suivant allait apporter. Le 15,
dès quatre heures du matin, tout le monde était occupé à
couper la glace qui obstruait le rivage. La marée s'éleva
peu après avec une jolie brise d'ouest. Nous lançâmes les
barques; nous y transportâmes les provisions et les malades,
et à huit heures, nous étions sous voiles.

» Le 16, à huit heures du soir, nous atteignîmes notre
ancienne position au cap *nord-est;* du haut d'une montagne,
les glaces nous parurent praticables au nord-nord-est; toutefois, le vent étant trop fort, nous dressâmes nos tentes sur
le rivage. »

Le 17, nouveau départ : les barques s'avancent vers l'est,
à l'aide des rames, à travers une multitude de glaces flottantes, A trois heures de l'après-midi, elles arrivent à la
côte orientale du détroit du *Prince-Régent.* « Habitués,
comme nous l'étions, à la glace, à ses caprices, à ses chan-
gements soudains, c'était cependant pour nous, dit le Capitaine, un changement extraordinaire, un changement magique, de voir cette masse solide de l'Océan, subitement
métamorphosée en eau mobile, devenue navigable, et navigable pour nous, qui avions presque oublié ce que c'était
que voguer en liberté sur les mers. A peine pouvions-nous
en croire nos yeux ; le marin qui s'éveillait, avait besoin
d'un moment pour être bien sûr qu'il était enfin sur son
élément, que sa barque encore une fois s'élevait sous lui sur
les vagues. La brise, changée peu à peu, nous força de
prendre terre à douze milles ouest du cap *York :* nous avions
fait ce jour-là *soixante douze milles.* »

« Le 26, je laisse ici parler le capitaine Ross. « Le 26, dit-il, à quatre heures du matin, pendant que tout le monde dormait, David Wood, qui était en vigie, crut apercevoir une voile au large : il en avertit sur-le-champ le commandant Ross, qui vit aussitôt avec sa lunette, que c'était véritablement un navire. Un instant mit tous les hommes hors de leur tente et sur la côte, ouvrant des discussions animées sur la mâture du navire, sa qualité, sa direction.

» On ne perdit pas de temps ; les barques furent remises en mer, et des signaux furent faits avec de la poudre humide. A six heures, nous laissâmes notre petit havre.

» Nous n'avancions guère, le calme étant souvent interrompu par des coups de vent en tous sens ; cependant nous faisions route vers le navire, et, s'il fût resté où il était, nous n'eussions pas tardé à nous trouver bord à bord. Par malheur une brise s'éleva, et nous le vîmes voguer, voiles déployées, vers l'est ; la barque qui était le plus en avant fut aussitôt laissée en arrière, et les deux autres gouvernèrent à l'est, dans l'espoir de le couper.

» Vers dix heures, nous vîmes un autre navire qui nous parut arrêté pour attendre ses barques ; nous pensâmes un instant qu'il nous avait aperçus ; puis il nous parut qu'il n'en était rien, car il s'éloigna presque aussitôt à toutes voiles. Il fallait pourtant soutenir le courage de nos hommes ; enfin, par un bonheur inouï, le vent tomba, et nous gagnâmes tant de terrain, qu'à onze heures nous vîmes le navire s'arrêter et détacher une barque qui vogua sur-le-champ de notre côté.

» Elle fut bientôt bord à bord ; l'officier nous dit qu'il supposait que nous avions éprouvé quelque désastre et perdu notre vaisseau ; nous répondîmes par l'affirmative, demandant le nom de son navire et exprimant le désir d'être reçus à bord. Il nous fut répondu que le navire était l'*Isabella*, autrefois commandée par le *capitaine Ross*. Je répliquai que j'étais moi-même le capitaine Ross et que mes hommes étaient l'équipage du *Victory*. L'officier stupéfait me répondit avec une étourderie assez commune en de telles rencontres, qu'il y avait deux ans que j'étais mort. Toutefois je le convainquis aisément de son erreur : aussi bien, notre mine d'ours à tous, eût pu lui faire voir, s'il eût pris le temps de la considérer, que nous n'étions pas des baleiniers ; nous portions d'assez bonnes preuves de notre sincérité sur notre dos, sur notre face d'affamés et dans nos barbes longues. De cordiales félicitations succédèrent au premier étonnement. » *L'Isabella* était commandée par le capitaine *Humphreys* de Hull, auquel l'officier reporta les nouvelles qu'il venait d'apprendre.

« Notre barque suivit lentement la sienne, et lorsque nous arrivâmes à la distance d'un câble, nous fûmes accueillis par trois cris de salut ; nous fûmes bientôt sur mon ancien vaisseau où nous reçûmes tous du capitaine un cordial accueil de marin.

» Au reste notre misérable position, à défaut d'autre titre, n'eût pas manqué d'émouvoir quelque pitié en notre faveur. Jamais on ne vit un assemblage plus touchant ou plus repoussant. Nos barbes qui n'avaient pas été faites depuis plusieurs mois ; nos vêtements couverts de boue ; notre costume composé, au lieu des haillons de la civilisation, de guenilles de bêtes sauvages ; notre maigreur de squelettes ; nos visages jaunis et refrognés, tout cela faisait avec l'extérieur des hommes bien vêtus, bien nourris, qui nous entouraient, un contraste qui nous fit sentir pour la première fois notre misère telle qu'elle paraissait à nos hôtes.

» Le côté plaisant de notre mise fit bientôt oublier tous les autres : aucune pensée sérieuse n'était possible au milieu du mouvement des deux équipages et dans la première confusion de la rencontre. Tout le monde mourait de faim et tout le monde mangeait; tout le monde était en guenilles et tout le monde s'habillait; il n'y avait pas un seul homme parmi nous qui n'eût besoin d'un lavage et à qui une barbe démesurée n'ôtât toute apparence de figure anglaise. Tout se faisait à la fois; on se lavait, on s'habillait, on se rasait, on mangeait, et les scènes les plus comiques naissaient de ce mélange d'opérations contraires; puis venaient les questions sans fin, sur l'Europe, sur le pôle; les aventures du *Victory*, la politique de l'Angleterre, et des nouvelles, déjà vieilles de quatre ans; le mouvement s'apaisa peu à peu; les malades reçurent les soins nécessaires, et les autres, leur tâche; l'on fit pour nous tous, tout ce que la plus affectueuse bonté peut imaginer. La nuit ramena enfin les paisibles et sérieuses pensées... Bien que depuis longtemps habitués au lit de neige ou de roche, bien peu d'entre nous purent dormir au milieu des douceurs de notre nouvelle position; moi-même, je fus obligé de quitter le lit qui m'avait été obligeamment offert, et de passer la nuit sur une chaise; je n'en goûtai pas davantage de repos. »

Le 27 août, le capitaine Ross laisse une note à la baie de la *Possession*, sous le monticule élevé par lui-même en 1818. *L'Isabella* est ensuite bloquée, dans un havre, par les glaces jusqu'au 30, puis rencontre un grand nombre de baleiniers qui envoient tous leur maître complimenter le capitaine Ross.

Le 30 septembre, *l'Isabella* sort du détroit de *Davis;* le 12 octobre, elle relâche à *Stromness;* le 18, elle arrive dans les eaux du *Humber*. Le Capitaine se rend à *Hull*, puis à *Londres.*

Il est temps que nous arrivions aussi. Je n'ai pas cherché à vous dissimuler la fatigante monotonie de cette longue expédition; peut-être, en réfléchissant, me saurez-vous gré

d'avoir essayé malgré l'aridité d'une pareille tâche, de
vous donner un calque fidèle du *Journal* du capitaine Ross.
Une telle uniformité de détails ne peut guère être résumée,
et, pour conserver quelque peu de l'impression qu'elle a
produite, veut être enregistrée jour par jour, heure par
heure. Si la répétition perpétuelle des difficultés et des
obstacles irrite le lecteur et l'impatiente au lieu de l'assou-
pir ; si, au milieu même d'une fastidieuse énumération des
degrés thermométriques, des mouvements de l'air et de
l'eau, des chutes de neige, de la marche et des haltes de la
glace, l'intérêt qu'inspire la position des voyageurs, vous
tient en haleine, le récit est fidèle. Il est déjà trop long pour
que nous nous étendions sur les résultats de cette expédition.

Pendant un séjour de quatre hivers et de trois étés con-
sécutifs dans les terres polaires, le capitaine Ross et l'équipage du *Victory* n'avaient exploré qu'un espace assez
restreint, au sud du cap Garry, entre le 72° degré et le
69° degré de latitude nord.

Les obstacles insurmontables, opposés par les glaces à la
navigation dans ces parages, démontraient surabondamment
qu'il fallait renoncer à trouver une communication com-
merciale et pratique entre le Groenland et le détroit de
Behring au sud du détroit du Prince-Régent. Toutefois ce
passage pouvait exister plus au nord, près le détroit de
Barrow, et il existe en effet comme l'ont établi les expéditions postérieures.

FIN.

Limoges. — Imp. E. ARDANT et Cᵉ.

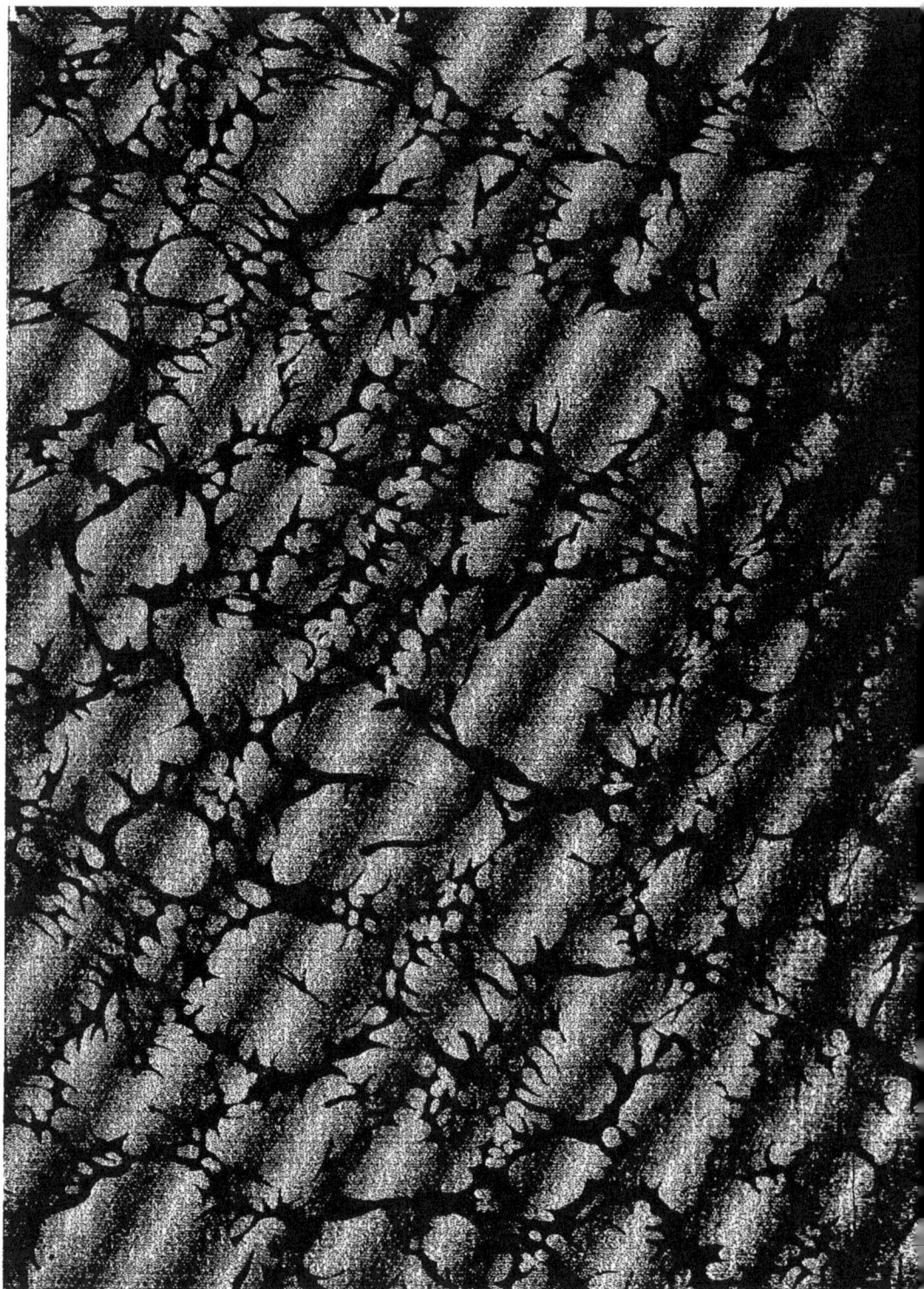

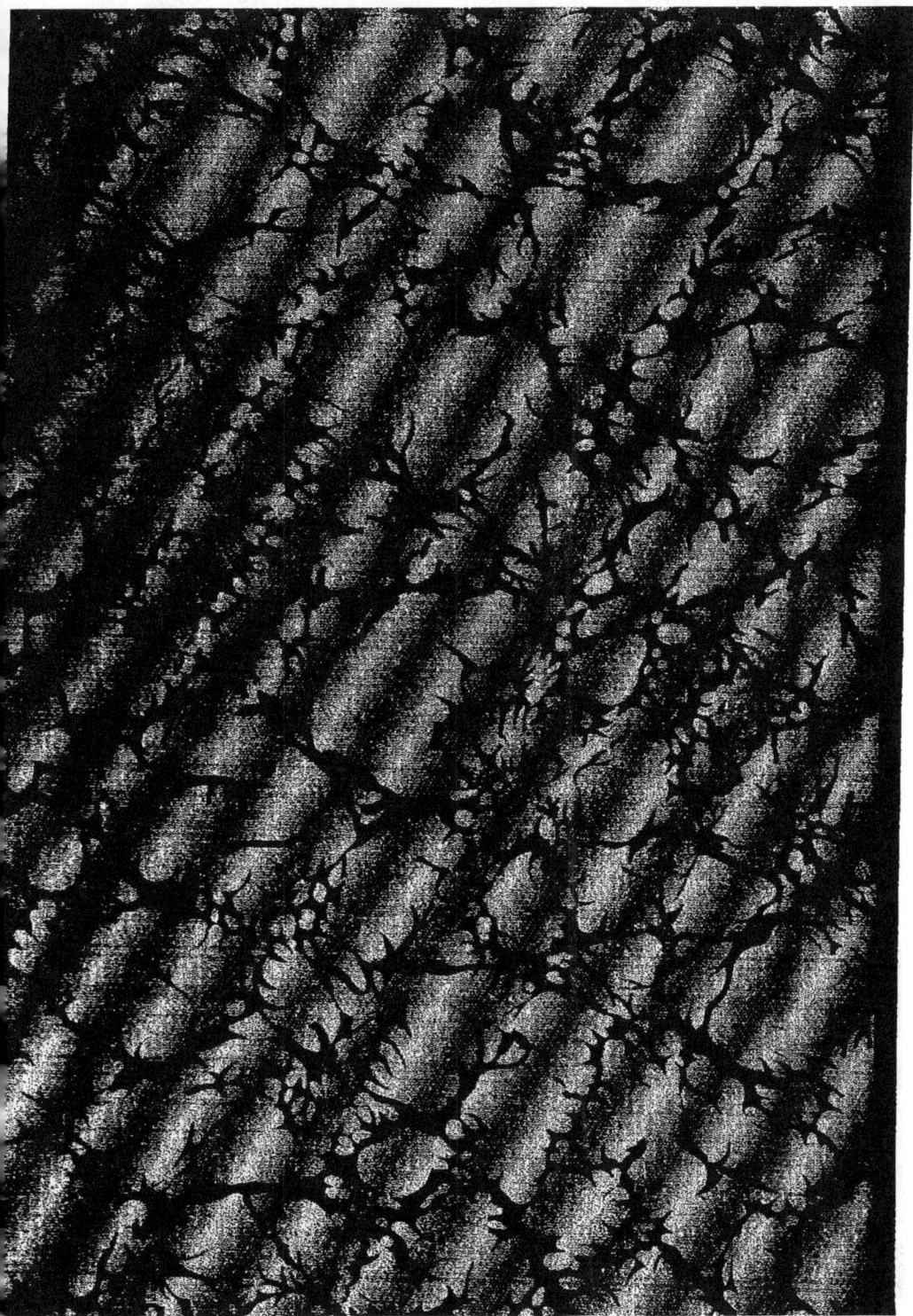

www.ingramcontent.com/pod-product-compliance
Lightning Source LLC
Chambersburg PA
CBHW072103080426
42733CB00010B/2192